I0220022

www.ingramcontent.com/pod-product-compliance
Lightning Source LLC
Chambersburg PA
CBHW061319040426
42444CB00011B/2708
9783200028838

در تلاطم یک رویا

مجموعه اشعار و نوشته های کوتاه

به قلم امیر ساقریچی

در تلاطم یک رویا
امیر ساقریچی متخلص به رها
طرح روی جلد و تصویرگری: نسیم ملک محمدی
شابک: ۹۷۸۳۲۰۰۰۲۸۸۳۸

انتشارات آرتمیس
چاپ یکم، پاییز ۱۳۹۱ ، کلاگنفورت
مدیر مسئول و صاحب امتیاز
امیر ساقریچی

کلیه حقوق این اثر محفوظ است و هرگونه استفاده یا کپی برداری از مطالب این کتاب بدون ذکر منبع و اجازه کتبی مولف ممنوع می باشد.

تماس با نویسنده
www.Raha-online.com

تقدیم به هما حاتم
بانوی شعر و آیینه و موسیقی
و
بنیاد محترم سرور
که بدون حمایت های ارزشمندشان انتشار این کتاب ممکن نبود!

فهرست

پیشگفتار:
(ابهام در شعر های من) ۱۱

معرفت در شعر
(به قلم دکتر آرش زندیان) ۱۷

سروده هایی که در این کتاب می خوانید:

رفیق قدم های مطمئن ۲۱
طعم تلخ خاطره ۲۵
بی بازگشت ۲۷
باران خوشبختی ۲۹
تبعید ۳۱
پشت پرچین لباس تو ۳۳
دقیقه های سرگردان ۳۵
اعجاز ۳۷
اندوه عریان ۳۹
کورسو ۴۱
مترسک ۴۳
معجزه زندگی ۴۵
مسافر ۴۷
شعر دلتنگی ۴۹
گل نمی خواهم ۵۱
فانوس شب ۵۳
در تلاطم یک رویا ۵۵

آنسوی فردا	۵۷
برهوت	۵۹
حس خوب پرواز	۶۳
شکسته بال	۶۷
روزنه	۶۹
فاصله	۷۱
قاب سکوت	۷۳
هبوط	۷۵
سازش	۷۷
باز پاییز آمد	۷۹
دوستت می دارم	۸۱
بی سرانجام	۸۳
ناخدا	۸۵
مجنون	۸۷
کلنجار	۸۹
همرنگ پاییز	۹۳
عقوبت	۹۵
عاشق مسلک	۹۷
عزیزم را مگیر از من	۹۹
شبیخون	۱۰۱
روزگار عاشقی	۱۰۳
بیراهه	۱۰۵
دلبند زیبای من	۱۰۷
صاحب نقش	۱۰۹
درمسیر انقراض	۱۱۱
بی دست و پا	۱۱۵
دردانه	۱۱۷
انتظار	۱۱۹
ماه مهر	۱۲۰
کابوس	۱۲۱
کیفر	۱۲۲

یک آرزوی دست یافتنی	۱۲۳
آینه ای در من	۱۲۵
ردپای مرگ	۱۲۹
در سوگ زمین	۱۳۳
رویای خوشبختی	۱۳۷
سوءظن	۱۳۹
گناهکار	۱۴۰
محکمه	۱۴۱
هوس	۱۴۳
درخت	۱۴۴
رویای واهی	۱۴۵
جدایی	۱۴۶
خوشبختی	۱۴۷
سرنوشت	۱۴۹
بدرقه	۱۵۲
چرخه	۱۵۴
پاداش	۱۵۵
فرصت	۱۵۶
یادگار	۱۵۷
فراموشی	۱۵۸
قربانی	۱۵۹
دروغ	۱۶۰
معجزه	۱۶۱
غفلت	۱۶۲
بی رحم	۱۶۳
خیال	۱۶۴
سخاوت	۱۶۵
دروغگو	۱۶۶
چشم های تو	۱۶۷
فاحشه	۱۶۸
اتفاق در آینه	۱۶۹

راز	۱۷۰
ضیافت	۱۷۱
دیوانگی	۱۷۲

مینیمال هایی برای هیچکس
نوشته های کوتاه ادبی ۱۷۵ ـ ۲۱۳

معرفی بنیاد سرور:
دستانی به گرمی آفتاب ۲۱۵

آثار دیگری از این نویسنده:
رمان عصیان با موضوع زنان ۲۲۰
مجموعه اشعار نسیم
خنیا، شعر و ترانه

پیشگفتار:

من همواره به مخاطبان آثارم عشق ورزیده ام. به آنانکه کتاب های مرا می خوانند و سایه به سایه دلنوشته هایم را دنبال می کنند؛ و معتقدم که خواننده ی شعر باید با خواننده ی هر اثر علمی، ادبی و هنری دیگری فرق داشته باشد. اما نمی دانم چرا اغلب خوانندگان شعر امروز فکر می کنند وقتی که پس از یک روز پر مخاطره به خانه باز می گردند، همراه نوشیدن چای یا شربت بهارنارنج شان باید چند بیتی شعر هم بخوانند و رفع خستگی کنند! البته این مهم لااقل از عهده ی شعرهای من بر نمی آید! شعر موجی برخاسته از مواجهه ی شاعر با دنیای اسرار آمیز و پیچیده و اعجاب انگیزی ست که با همه ی بغرنجی ها و پیچیدگی هایش وی را احاطه می کند. شعر حاصل تفکر زیباگرایانه ی شاعر است، از احساس اندیشمند و خردگرای او... از ذهنیات و پرده های در هم پیچیده ی جامعه ای که با همه ی رنج ها و شادی هایش در آن زندگی می کند. شعر مخدر یا آرام بخش نیست، در ردیف قهوه و قلیان قرار نمی گیرد و با حال و بال میانه ای ندارد! شعر فریادی بیدادگر و آگاه ساز است، بی آنکه شعاری باشد. یک تابلوی چشم نواز نقاشی ست، بی آنکه هر چیزی را بصورت انتزاعی دقیقاً سر جای خودش قرار داده باشد. شعر باید خواننده را به فکر وا دارد و در مواجهه با دغدغه ها و دلشوره های انسان هوشمند معاصر همراهی اش کند. یک خواننده ی خوب باید با شاعرانگی شاعر شریک باشد. معمولاً شعرا برای سرودن شعر هیچ طرح از پیش تعیین شده ای ندارند و تلنگر اول را همیشه یک نیروی مرموز ناشناس به تمامیت وجودشان می زند، بارقه ی اسرار آمیزی که در دالان ها و دهلیزها و تالارهای تو در توی روحشان فروزان می شود؛ آن نگاه جذاب و دلربای دعوت کننده؛ آن آهنگ راز آلود اغواگر که رخ می نمایاند و بی آنکه خود بخواهد به طرف حقیقت شعر که در هاله ای از شگفتی است میکشاند. شاعر نویسنده ی مقاله یا تهیه کننده ی گزارش نیست که بخواهد احساسش را در لحظه برای همه شرح بدهد. حتی در ابتدا ممکن است هدف بخصوصی هم نداشته باشد و از تم و موضوع شعر خود بی اطلاع باشد؛ مگر آن دسته شعر هایی که با هدفی خاص و در بیان موضوعی خاص سروده می شوند... که در اینصورت با ماهیت شاعرانه در تعارض هستند و شعری که همه چیز

آن از پیش تعیین شده باشد قطعاً شعرگونه ای ست که ماندگار نمی شود. شاعر همیشه به دنبال شعر خود حرکت می کند و انسانی متحیر در سرزمین ناگهان هاست. شاعر در انبوهی از واژه ها و رو در رو با این جاذبه و جادوی پیدا و نا پیدا، با رشته هایی رنگین و دلفریب اما نامرئی به جهان سحر آمیزی قدم می گذارد که برای خودش هم ناشناخته است و در این سیر و سیاحت شگفت انگیز و این مسیر پر ماجرا به تحیری برخورد می کند که به شعر منتهی می شود! حضرت مولانا در دیوان شمس می فرماید:

من گنگ خواب دیده و عالم تمام کر
من ناتوان ز گفتن و خلق از شنیدنش

به گمانم این جمله از پل والری شاعر پر آوازه ی فرانسوی ست که می گوید: اگر کسی از من بپرسد که در فلان شعر چه چیزی را می خواسته ام بگویم، جوابم این است که من هرگز چیزی نخواسته ام بگویم!

به عقیده ی من نباید از شاعر توقع داشت که معلم اخلاق باشد، که مصلح اجتماعی باشد، موعظه گر یا جامعه شناسی دانا باشد، دانشمند و مورخی توانا... و یا حتی سیاستمداری قهار و کهنه کارباشد. از شاعر باید خواست که فقط شاعر باشد! حرف خودش را بزند و کار خودش را بکند. شاعر شاعر است، چه ما از او بخواهیم شاعر باشد و چه نخواهیم. هر چشمه ای طبق یک حکم طبیعی می جوشد و آب زلال خود را ایثار می کند و هیچکس قادر نیست او را از این فعالیت بازدارد. شعر باید ذهن مخاطب را درگیر خود ساخته و گاهاً درکش نیازمند کنکاش در اندیشه و خرد است. نمی دانم چرا این روزها همه برداشت های شخصی خود را به شعر نسبت می دهند! شعر شاعر اثر انگشت اوست، شناسنامه اوست، هویت اوست و طبعاً به خودش اختصاص دارد و هرگونه استدراک و مکاشفه ای در این باب مقرون به واقعیت نخواهد بود. ما اینک در دنیا و زمانی زندگی می کنیم که شعرمان نمی تواند به مفاهیمی ساده، اخلاقی و از مقوله ی پند اندرز و تعالیم زاهدانه و یا حتی دستورالعمل های کوبنده و پرخاشگرانه بپردازد. شعر محصول آگاهی های بسیط هنرمندانه ی شاعر است.

آگاهی از دنیایی که با تمام عظمت فقط مال شاعر است و اوست که فریاد می زند و پژواک فریادش را بر صفحه ی سپید کاغذ می کشاند. بقول فروغ فرخزاد: من از کجا می آیم که اینچنین به بوی شب آغشته ام؟ شعر محصول زمان و مکان است. سروده ی یک شاعر قرن هجده فرانسوی با سراینده ی قرن بیستم ایرانی، عرب یا آمریکایی فرق دارد. تفاوت شعر به تغییر لحظات و تفاوت انسان ها بستگی دارد. اما با اینهمه بسیاری از شعر ها شعر روزند و تنها برخی برای همیشه می مانند. ما فقط می نالیم که شعر مشکل است، مبهم است، آن را نمی فهمیم... و ای بسا که کتابی را به گوشه ای پرت کرده و بگوییم: مزخرف گفته! غافل از اینکه بسیاری از جلوه های زیبایی شعر در همان ابهام و یا دست نیافتنی بودن مقصود و معنای آن نهفته است. صدها کلام روزمره را به آسانی می فهمیم که برای ما سودمندند و یا درک ما را از زندگی و یا رابطه ی ما را با اطراف تسهیل می کنند، ولی شعر نیستند. گفتگوهای روزمره ما از کلمات تشکیل می شوند و شعر هم از کلمات تشکیل می شود، اما هیچ ارتباطی بین آنها وجود ندارد. صدای زنگ ما را به سوی در می کشاند تا آن را باز کنیم و صدای تلفن ما را به سوی تلفن می کشاند تا پاسخ دهیم. این صداها صداهایی رسا و سودمندند ولی بار هنری ندارند. ولی یک هارمونی دلپذیر، یک ملودی، حتی یک زخمه یا ضرباهنگ موسیقی ما را به وجد می آورد، ما را غمگین می کند، درون ما را متحول می سازد، سود مادی هم برایمان ندارد و به دنبال معنی و مفهوم و مقصد و مرادش هم نیستیم. پس همیشه سودمندی و راحتی کلام نشان زیبایی آن نیست. سودمندی با هنر اصلاً ارتباط ارگانیک ندارد! ما از آهنگی که یک ارکستر سنفونیک یا فیلارمونیک می‌نوازد لذت می‌بریم یا می‌توانیم لذت ببریم، ولی برای ما سودی در بر ندارد. شاید هم معنی کمپوزیسیون و مقصود کمپوزیتور را درک نکنیم اما همان طور که گفتم از آن لذت می‌بریم. چه کسی می‌تواند منکر جذابیت‌های بی‌تاب کننده سمفونی‌های اشتراوس، چایکوفسکی و آثار بتهوون و شوبرت و هندل و شومان و موتسارت و کمپوزیتورها و نوازندگان بزرگ دیگر جهان باشد؟ اما این سنفونی‌ها و این کمپوزیسیون‌ها و این آثار چه می‌گویند؟ چه هدفی دارند؟ چه مطلبی را بیان می‌کنند؟ چه شعاری می‌دهند؟

چه درسی را به شنوندگان خود می‌آموزانند؟

تابلوهای بسیار پرارزش نقاشان عظیم‌الشان عالم چون ون گوگ، گوگن سزان، کمال‌الملک، رامبراند و دیگران و دیگران... هزاران زیبایی را در خود جا داده و به اندرون بیننده ی با ذوق خود منتقل می‌سازند، اما هیچ سودی برای آنها در بر ندارند. پس مقوله ی سودمندی از مقوله ی زیبایی جداست. شعارهایی از قبیل رسالت هنرمندان در حقیقت تلاشی ناموفق است برای کشاندن هنر به وادی علم و مقوله‌هایی که می‌دانیم به طور ماهوی از هم جدایند! اگر رسالت های اجتماعی و سیاسی می‌توانست سازنده و تعیین‌کننده باشد، پس قاعدتاً بهترین هنرمندان باید از بلوک شرق یا از کشورهای پیرو مکاتب سیاسی مشهور جهان باشند که می‌دانیم چنین نیست. اگر فقر و نداری موجد هنر است همچنان که گاه در شرح حالات شاعر، نویسنده یا هر هنرمند برخاسته از میان فقر و فاقه‌ای می‌نویسند، تمام شاعران و نویسندگان و هنرمندان از کشورهای فقیر آفریقایی و اروپایی برمی خاستند و حال آن که می‌دانیم چنین نیست! هر راز و رمزی زیباست. هر چه در پشت هاله‌ای از ابهام و در ورای مهمی از استتار و اختفا باشد شگفت و باشکوه است. این همه شارحین شعر حافظ، حافظ شناسان، استادان حافظ پژوه کوشیده‌اند اشعار آن بزرگمرد را برای ما حلاجی کنند. به گمان من از این کار طرفی نبسته‌اند و چیزی بر شعر حافظ نیافزوده‌اند و در واقع آب در هاون کوبیده و باد پیموده‌اند... چرا که ارزش شعر حافظ به جهان اندرونی آن وابسته است. خواننده ی عادی هم شعر حافظ را می‌خواند و از آن لذت می‌برد، هر چند که نداند حافظ در این بیت چه گفته یا در آن بیت چه مقصودی را دنبال می کرده است. وقتی که تمام جزئیات شعر برایمان روشن شد یا خیال کردیم که روشن شده، شعر چون معمایی حل شده جاذبه‌اش را از دست می‌دهد. آسیب می‌بیند به جهان پیش با افتادگی‌ها و اشیا تاریخ مصرف دار می‌پیوندد. تفسیر شعر آن را از هنر به ورطه ی ادبیات می‌کشاند، در حالی که شعر ذاتا متعلق به هنر است. وقتی می‌کوشیم آن را بفهمیم، یا بفهمانیم با دست های خویش شخصیت و هویتش را چون گلدان کریستال ظریفی در هم می‌شکنیم. آن را از مسند هنر و هنری بودن فرو انداخته و بر بوریای خشن و مندرس دانش و ادب سرنگون می‌کنیم.

ادبیات در مجموع یک دانش و شاخه‌ای از علم است ولی شعر جویباری زلال و جوشنده از چشمه سار هنر! حافظ یک هنرمند بزرگ است. یک شاعر تکرار ناشدنی. آن گاه که شعری می‌سروده هرگز به این فکر نبوده است که مثلا سودی ترک یا علامه قزوینی ایرانی یا پرفسور آربری انگلیسی بر آن شرح و تفسیر بنویسند. هرگز به این موضوع نیاندیشیده که ۸۰۰ سال بعد در دانشکده‌های ادبیات شعر او را مورد تجزیه و تحلیل قرار داده و ریزه‌کاری‌های آن را بررسی می‌کنند. او نخواسته شعر مشکل بگوید! او فقط خواسته شعر بگوید. اگر ما آن را درک نمی‌کنیم. بقول معروف مشکل خودمان است و بقول مولانا: مُردم اندر حسرت فهم درست! شاید شعر حافظ یا سعدی یا مولانا یا حتی نیما در حوزه ی تحقیق و تقسیم‌بندی‌های کتابدارانه در قفسه ی ادبیات باشد اما از نظر جوهر شعر و حقیقت شاعری در ردیف هنر قرار می‌گیرد و هنر علی‌الاصول تفسیرناپذیر است. هنر با زیبایی ارتباط دارد ولی علم و به تبع آن ادبیات با درستی! هر چقدر که به عمق طبیعت نزدیک‌تر می‌شویم با ابهام بیشتر مواجه و رو درروییم. عمق جنگل مبهم است، مبهم و زیبا. ژرفا و دوردست دریا مبهم است، مبهم و زیبا. بیابان و کوه و دشت و دره و همه ی عناصر دیگر طبیعی وقتی عمیق‌تر و دست‌نیافتنی‌ترند زیباتر و جذاب‌تر و دلنشین‌ترند. راز زیبایی به معنی واقعی آن در دوردست بودن و ناشناس بودن و مبهم بودن آن است.

آری من همواره به مخاطبان آثارم عشق ورزیده ام اما... این روزها فقط برای خودم می نویسم!

امیر ساقریچی

بنام خدا

یار مرا، غار مرا، عشق جگر خوار مرا
یار تویی، غار تویی خواجه نگه دار مرا

در واقع معشوق در شعر مولوی وجودی ست که تمام فضای حال و آینده وی را احاطه کرده است. روحانیتی است که منفک از او نیست و به دلیل خاستگاه ابدی انسان (به معنی آدمیت) درکی است که خواننده با تمام وجود درمیابد. شاید در این مجال بتوان مسیر بلوغ شعر را از درون فرد به آینده بیان نمود. زمان در عرفان شرقی یک مفهومی اقتضایی است به این مفهوم که بین حال، گذشته و آینده تفاوتی نیست و تنها این انسان است که بخشی از این واقعه را می بیند. فرد هر چه به فضاهای عمیق تر در درون خود رجوع می کند به دلیل بکارت بیشتر از یک طرف و زیرساختی تر شدن وجودی از طرف دیگر، با صداقت بیشتری مواجه می شود و چه بسا به دلیل غربت فرد با این فضای صادقانه، از بیان و تشریح ابعاد آنچه در این فضا وجود دارد عاجز می گردد. شاید به جرأت بتوان گفت عشقی که در درون یک نفر به وجود می آید و رشد می کند وسیع ترین تجربه بشریت است که فرد را به این فضای درونی می کشاند. بی شک مصاحبت با انسانی که دارای روحی بی آلایش است یا خواندن یک متنی که بر آمده از فضای درونی نویسنده است خود به تنهایی به دلیل قرابتی که با این فضای درونی فرد ایجاد کرده حظ درونی در مخاطب به وجود می آورد.
به واقع آنچه که درون فرد را می سازد، همان ساختاری است که آینده فرد را ساخته است. در این نگاه آینده از دو منظر حائز اهمیت است، آینده به معنای جهان پس از مرگ یا آینده در حیات دنیوی. ماهیتا آینده افراد در حیات دنیوی همان آینده جامعه خواهد بود. آنچه در اینجا مهم است عواملی است که درون فرد را به آینده جامعه پیوند خواهد زد. آنچه میراث فرهنگی یک جامعه است چیزی است که در جریان سیال ذهن جامعه جریان دارد و فرد را به درون آدمیت خود قوس می دهد، با این نگاه در ذهنیت ایرانی شعر پر اهمیت ترین عنصر میراث فرهنگی است.

شعر زمانی میراث فرهنگی خواهد شد که از یک طرف در عمق انسانیت افراد جامعه جریان داشته و از طرف دیگر تمام پاکی وجود درون فرد را به منحصه ظهور برساند. اینچنین است که شاعر به مثابه پدید آورنده شعر یک حوزه اصلی را ملکه ذهنی خود نموده است: **معرفت**.
معرفت زیر ساختی ترین بخش فکری شاعر است که شعر در آن نطفه می بنند. اینکه شعر تا چه میزان خواننده را از درون به آینده می رساند به جایگاه معرفت شاعر بستگی دارد.
به واقع معرفت در شعر نسبت به معرفت در علوم اجتماعی نگاه بالغ تر و کاملتری دارد. به این تعبیر که در علوم اجتماعی به دانش معرفتی پرداخته می شود، حال آنکه در نگاه شعر شاعر می باید در معرفت احساسی و در مرحله کامل تر در معرفت عرفانی نیز توسعه یافته باشد.
اینکه شاعر تا میزان در ارائه شعر خود توانمند است علاوه بر قدرت تبیین شعری به معرفتی که آن را به سمت نطفه بندی شعر می رساند بستگی تنگاتنگ خواهد داشت. شاعر در متن جامعه رشد می کند و آنچه در زمینه معرفت درونش تراوش می کند شعری است که خود و خواننده را از درون به آینده خود و اجتماع می رساند. اینچنین شعری ست که میراث فرهنگی خواهد شد. به نظر می رسد امروزه شعر ایرانی به شدت دچار خلاء در بلوغ معرفتی است. شاید به جرات بتوان گفت امروز زمانی است که شاعران کشور (سرایندگان داخلی و خارجی) می بایست علاوه بر حمیت و تلاش در بیان شعر به تقویت درونی خود نیز حمیت و تلاش نمایند.
عجیب آنست که این خلاء معرفتی در شعر سرایندگانی که اشعار خود را در صدا و سیمای کشور به طور وسیع و در مجامع بسیار سطح بالا قرائت می کنند بیشتر به چشم می خورد. امروزه وجود کانالهای ارتباطی و اطلاعاتی گسترده و تسلط عمومی به زبان، سبب شده بسترهای توسعه معرفتی کاملا محیا باشند و به نظر می رسد همزمانی آن تغییرات فرهنگی در کشور امروزه برای شعر ایرانی نقطه عطف حیاتی باشد.

دکتر آرش زندیان

رفیق قدم های مطمئن

باغی شکفت
دیده هراسید از انکسار
مهسان... بر آمدی
و
به شب پشتِ پا زدی!
همچون فرشته ای...
که دم اش صبح روشنی ست
نامِ مرا به لطفِ محبت صدا زدی!
تا در خیالِ پنجره
تصویری از تو رُست
قلبم...
چنان کبوتری
از سینه پر کشید!
اشکی ز اشتیاقِ طلوعت چکید
و
خاک...
آن را چنان شراب کهنساله
سر کشید!
گیسو به دستِ بادِ موافق سپرده ای
ابرو کمندِ قلب فقیران چه می کنی؟
با مهر بیکران به نوازش نشسته ای
ما را ز نوشِ عاطفه
دیوانه می کنی!
گلخنده ات که در دو جهان حکمِ کیمیاست
تنها دلیلِ فتحِ نفس های کاذب است

وین عطرِ جانفزا
که هوا را نموده مسح
یکسر برای رفعِ کسالت
مناسب است!
بیچاره آنکه عشقِ تو را آرزو نکرد
یک دم اراده کن
که جهان زیر و رو شود
در راه عاشقی...
که هراس از فریضه نیست
وقتی نمازِ شکرِ تو را بی وضو شود!
دلخوش به بودنت شده ام
بیش از انتظار
بانویِ ماه و
آتش و
فواره
و
بهار!
جایی که آیه آیه حقیقت سخاوت است
گل می دهد صنوبرِ خشکیده
در حصار!
حسی مرا به سمتِ نگاهِ تو می کشد
پیوسته در نشیب خیالت روانه ام
گاهی...
برای لمسِ تپش های قلب خویش
محتاجِ یک مراوده ی
کودکانه ام!
تنها تویی که قاصدِ فردایِ روشنی
از زندگی بگو...
که زمان با تو جاری است

شکری...
که بر زبان فورانِ سعادتی
جانی...
که بودنت سبب ماندگاری است!
گویی تو را برایِ رها آفریده اند
از آسمان رسیده ای
که پیام آوری کنی!
با بمن بمان
رفیقِ قدم های مطمئن
باشد مرا ز تلخیِ غم ها بری کنی

طعم تلخ خاطره

گاه گاهی لب این پنچره ی بسته هنوز
می توان منتظرِ رد شدنِ خاطره بود
یادم آید...
که به هنگامِ شکوفاییِ صبح
ردِ پایِ تو،
پراکنده برین گستره بود
می رسیدی ز ره و
چشمِ مرا شبنمِ اشک
همچنان شیشه ی باران زده،
کم سو می کرد
عطر گیسویِ تو
بر دامنِ رقصنده ی باد
دردلِ کوچه،
فزاینده، هیاهو می کرد
همه دنیای منِ ساده دل این رویا بود
که سرآسیمه...
قدم های تو را بشمارم
تا تو اِستاده، نگاهم بکنی با لبخند
و بدانی...
که در آن لحظه چه حالی دارم!
حال من مانده ام و حسرت عشقی خاموش
هیچ راهِ تو بدین کوچه نمی افتد باز
در دلم خاطره ی روشنی از لبخندی ست
که به لب های تو تابنده نبود از آغاز
کاش می شد که زمان را
به عقب برگرداند

تا من آن پنجره ی یخ زده را بگشایم
و به فریاد بگویم...
که... تو را می خواهم
و به شوقت نفسی تازه کند، فردایم
آه...
اگر رهگذر کوچه ی ما بودی باز
جرأتم فاصله ها را ز میان بر می داشت
راحت از عشق
برایِ تو سخن می گفتم
و نگاهت به دلم
بذر عطوفت می کاشت
حیف...
دنیایِ من امروز، پر از تنهایی ست
و خیالاتِ تو،
بی دغدغه پابرجایند!
آرزوهای رها بسته به آن چشمانی ست
که پس از حادثه ی کوچِ تو...
نا پیدایند!

بی بازگشت

گوش کن... می شنوی؟
این صدایِ دلِ غمگین من است
که تو را با همه ی خستگی اش
باز هم می خواند!
هر نفس...
غنچه ی صد خاطره را می بوید
که به این خلوتِ جانانه برت گرداند
بی تو در دنیایم
آسمان با همه ی روشنی اش
دلگیر است!
و زمین مرتکب رویشِ نا فرجامی ست
که در آرامشِ یک باغچه
بی تأثیراست!
لحظه ها
عقربه ی ساعتِ من را کشتند
بی تو...
کا بوسِ زمان تلخ ترین بیداد است
غیر ازین عاشقِ سرگشته
درین ویرانه...
آنکه دلتنگِ تو و عطر تو باشد
باد است!
وقتی از طرحِ تو
در پنجره تصویری نیست
سویِ فانوسِ مرا، مرثیه ها می نوشند!
گرچه چشمانِ من از حادثه نفرت دارند
اشک ها بی پروا
در تکاپویِ عبث

رختِ سفر می پوشند
کاش بر می گشتی...
من به لبخندِ تو در آینه ها محتاجم
همچنان دریایی
خسته از طوفانم
که به سرمنزلِ ساحل
نرسد امواجم!
زندگی زیبا نیست...
مگر از روزنه ی چشمِ تو پیدا باشد
این قفس دنیا نیست...
بینمان فاصله ای تا که هویدا باشد
کاش بر می گشتی
کاش بر می گشتی

باران خوشبختی

آسمان بارانی ست
باد هم می آید
و هوا بوی خوشِ خاطره ها را دارد
من لب پنجره
دنبال کسی می گردم
که نگاهش زمیان فاصله را بردارد
ناگهان می رسی از راه و
گلِ لبخندت
با من از زندگیِ تازه سخن می گوید
همچو خورشید...
زیمن قدمت در باران
از زمین حلقه ی زیبای قزح
می روید!
تا سرآسیمه تو را در بغلم می گیرم
اشکم از شوقِ سلامِ تو
فرو می ریزد
حرمتِ چشمِ مرا گریه نگه می دارد
که نفس
از دلِ سرما زده
بر می خیزد
هرمِ آغوشِ تو
سرمنشأ سرسبزی هاست
رنگِ گلهایِ بهاری
به تو بر می گردد
عطرِ گیسویِ تو
چون رودِ خروشان جاری ست

با نگاهت شب کاشانه
سحر می گردد
هر تپشِ قلب من از عشقِ تو
می گیرد وام
هر قدم راهِ سعادت که بپویم
با توست!
تازه فهمیده ام
از لطفِ تماشایت بود
که تنِ پنجره را
گوهرِ باران می شست
حس خوشبختیِ ما
در گرو رویا نیست
در تکاپویِ رسیدن به لبانت
شادم!
آنقدر بوسه ز باغِ دهنت
شیرین است
که درین معرکه
دیوانه تر از فرهادم
من به وحدانیتِ عشقِ تو
ایمان دارم
عاشقی با تو به
معنایِ حقیقی زیباست
تو درین خانه گرانمایه تر از مهمانی
نازنین مهر تو در قلب رها
نامیراست

تبعید

باد
مهمانی طوفان
رگبار!
و
هوایی...
که گلوگاهِ سحر را بسته ست
کودکِ پنجره
از ترسِ فروپاشیدن
زخمی از تجربه‌ی تندیِ باران
خسته ست!
لرزشی در بدنِ ثانیه جریان دارد
غصه ها
نعره زنان
ذهنِ مرا می کاوند
قامتِ صاعقه
با خونِ سکوت آلوده است
گرچه...
در اینهمه بلوا
همه دنیا خواب اند!
من غریبانه...
به همدستیِ شمعی خاموش
فارغ از ظلمتِ عصیانگرِ شب
بیدارم!

و غمی را
که نهان ازِ همه ی آدم هاست
همچنان کوله ای از خاطره
با خود دارم!
کاش ازین غمکده
یکباره سفر ممکن بود
دیگر از درکِ فروپاشیِ فردا سیرم
پشتِ ارابه ی روحم
نفسی سنگین است
و
به عریانیِ این حادثه
در زنجیرم!
خسته ام، خسته ازین قصه
ازین آدم ها
سرخیِ سیب مرا دستِ حماقت ها چید
مانده ام با شبِ تاری
که جهانش نامند
و
اسیرِ بدنِ خویشتن ام در تبعید!
سایه ام چون شبحی
یکسره سرگردان است
هیچکس...
همدمِ تنهاییِ من
با من نیست!
آسمان دستِ رها سویِ نگاهش دارد
و
خدایی
که سزاوارِ پرستیدن نیست!

پشت پرچینِ لباسِ تو

نیمه شب پنجره تصویرِ مرا می پوشد
وقتی از جنگلِ گیسویِ تو،
می آید باد!
و پس از خستگیِ یک سفرِ طولانی
هر قدم...
شوقِ شناساییِ آرامش را
می کند کاوشِ احساسِ تو
در من ایجاد!
مستِ رویایِ تو
پایِ نفسم می لغزد...
غرقِ آغوشِ خیالِ تو
هنوزم بی تاب!
و چو بی دغدغه،
لب های تو را می بوسم
می دهد گریه...
گیاهانِ نگاهم را آب!
تا زعطرِ تو نسیم آینهٔ آزرم است
رقصِ من در دلِ آزادیِ شب
نیزاری ست!
پشتِ پرچینِ لباسِ تو
بهشتی پیداست...
که رسیدن به درش
منظرِ جانبداری ست!
با تو دلتنگیِ من
رخت سفر می بندد،
می گریزد ز تماشایِ توأم تنهایی

آسمان دیده زمهتاب فرو می شوید
و به چشمانِ تو...
زل می زند از زیبایی!
تا گریبانِ تو جولانگه چشم اندازی ست
دیده اقلیمِ خطاهایِ شگفت انگیز است!
تو... دلیلِ نوسانات دلِ دریایی
شب آغوشِ تو،
سرمایهٔ رستاخیز است!
بی تو دنیایِ من...
از هر هیجانی خالی ست
من تو را با همهٔ موهبتت می خواهم
گرچه بیمی زتکاپویِ زمان
در من نیست...
با رها خو کن و
نو کن قدمی در راهم

دقیقه های سرگردان

باران... کمی آهسته تر
اینجا کسی در خانه نیست!
من هستم
و
تنهایی
و
دردی...
که نامش زندگی ست!
در این مغاکِ بی گذر
شب می ستیزد
با سحر!
آیینه دریا می شود
از چشمِ من
مواج تر!
شب هایِ این ویرانسرا
بی رونق
و
طولانی اند
اینجا...
دقایق بیش و کم
مغلوبِ سرگردانی اند!
با نابهنگامِ صدا
تصویر می سازی
چرا؟!
از آدمیت خسته ام

خط می زنم این قصه را
در پرتوِ فانوسِ تن
پروانه ای...
جان می کند!
گردَش حماقت پیله ای
تا سقفِ زندان می تند!
در ورطهٔ این امتحان
ذاتاً...
حقایق نارس اند!
غرقِ هوایت سایه ها
سرگشته
و
دلواپس اند!
در خاطرِ آشفتگان
نقشی مجسم می زنی!
نفرین به نجوایت
اگر...
از عاشقی دم می زنی!
من زخمی دلتنگی ام
باران... کمی آهسته تر
آهنگِ گامت می دهد
ازتلخیِ فردا خبر
بی سرپناه اکنون
رها...
بر بامِ غم
استاده است!
هر لحظه آهی می کشد
وز عشق دور افتاده است!

اعجاز

یک شبِ زیبا و مهتابی ست
همگنان...
دور از تنش در خانه ها خواب اند
پشتِ دیوار بلندِ آسمان
مهتاب می رقصد
اختران خورشید گون...
بر ساحتِ کاشانه می تابند!
من کنار شمعِ لرزانی
به یادت جرعه ها نوشم ز احساسم
قلب من دریاییِ از آرامشِ فرداست
هر کجا فرصت بیابم
می نویسم عشق
آری... عشق...
تنها لذتِ پاینده ی دنیاست!
با همین اعجاز باید
دستِ تقدیری که دم می گیرد از ما خواند
با نفس هایی پیام آور که:
"خواهی رفت!"
هر قدم شکرانه باید داد
و
عاشق ماند!

اندوه عریان

امشب از اندوهِ عریان در نگاهت سخت غمگینم
بستر دریای چشمانت چراغانی ست!
اشک در قعر نگاه مهربانت
باز زندانی ست!
تا کی این افسانه ی دلداری ات را
می‌نویسد بغض؟
گریه کن شاید نفس‌هایت رها گردند
باید این احساسِ بی بنیانِ دلتنگی
پر بگیرد با گلِ لبخند!
باورم کن...
با تمامِ رنج‌هایم غرقِ اصرارم!
باورم کن...
من تو را اندازهٔ گل های شب بو
دوست می‌دارم!
گریه کن،
آخر مبادا خانه ای خلوت
از دلت عشق مرا بیرون کند روزی
گریه کن،
شاید بدین جادویِ شورانگیز
در شب تارم بیافروزی
با من ای همخانه بی رحمی نباید کرد
من دلی دارم که با یک غصه می‌میرد
گرچه هرگز شعله ی عشقِ تو
در جان نحیفم
رنگ خاموشی نمی گیرد!
اشک‌هایت را خریدارم

گریه کن دیوارِ اندوهت فرو ریزد
گریه کن با شعرِ غمگینم
تا کلیدی از برای قفلِ چشمانِ تو می سازد
بگذر از پروانه آزاری
گر رها را دوست می‌داری
چشمِ خود را آسمانی کن
گریه کن
بی هیچ اجباری!

کورسو

حیف... از آن روزگاران، روزهای خوب
آن سحرگاهان
که غم با کوچ شب می‌ُمرد!
شوریِ آینده با کانونی از لبخند
همچو اشک...
از صورتِ آیینه سُر می خورد!
در کنارِ سفره ی بگشوده ی مادر
لقمه های تازه را هر دانه می چیدیم
غصه و غم بود
حسرت بود
وحشت بود
ما ولی...
با چشمِ خود
چیزی نمی دیدیم!
بی نیازی... راه سرسبزِ سعادت بود
قلب مردم از محبت پلکان می ساخت
قیمتِ شادی لب خندانِ بابا بود
وان بها را...
کودکِ هر خانه می پرداخت
نازنین مادربزرگ از قصه ها می گفت
از پریزادی
که دیوش عاشقِ او شد
از گدایی...
کز سرِ زیبایی اش روزی
تاج و تختِ پادشاهی لایقِ او شد
در حیاطِ خانه مان پروانه می دیدیم

وقتِ بازی دشمنی از دوستی می باخت!
آنچه را در سینه هرکس آرزو می کرد
زندگی بی وقفه با دستانِ خود می ساخت
خنده بر لب هایمان همواره پیدا بود
مهربانی را نمی شد ساده کتمان کرد
بذرِ آرامش درون سینه می رویید
می شد از رفتن...
زمان را هم پشیمان کرد!
هر نفس...
یک جرعه از شهدی گوارا بود
بوسه ها بر روی لب ها
جا نمی ماندند!
زیر بارانِ خدایی خیس می گشتیم
موج ها... در سینه ی دریا نمی ماندند!
هر نفس شکرانه ی این زندگی عشق است
با چه استدلالی از غم ها گذر کردیم؟
با کدامین جرأت
از حسرت نترسیدیم؟
وانهمه ایامِ زیبا را هدر کردیم؟
ما همان نوباوگانِ شادِ دیروزیم
کز محبت خانه ها در یادِ هم داریم
می شود آری...
هنوزم می شود خوش بود
ما هنوز از لذتِ دنیا طلبکاریم!
در دلِ این شامِ تار از صبح باید گفت
یا که بر فردا
لباس تازه ای تن کرد
می توان همچون رها در قعرِ تاریکی
آتشی زیباتر از خورشید
روشن کرد!

مترسک

خستـه ام... خستـه از آزارِ شب و پنجره ها
خلوتِ خانه کجا، اینهمه تنهایی من؟!
زخمیِ کوچِ غم انگیزِ توأم
بی کم و کاست
تا کجا می کند این خاطره همراهیِ من؟
غمی آکنده و دیوانه دلی در خفقان
نفسی مرده
و
طبعی ز تکاپو شده لنگ
هر ورق...
رویشِ صد خاطره از دفترِ عشق
هر قدم...
شوقِ گریز از غم و
یک عالمه سنگ!
در دلم جایِ تو خالی شده، تنها شده ام
چو مترسک...
که تماشاگرِ یک مزرعه است
بی سبب مرتکب خط زدنِ روز و شب ام
زندگی بی تو درین غمکده
یک فاجعه است!
همچنان آینه ای یخ زده نفرین شده ام
دم به دم قلب مرا حادثه ای می شکند
آنچه پیرایه ی شعرم شده
جز مرثیه نیست
وین قلم رخوتِ بی پایه فرا می فکند!

به کدامین سبب از چشمِ تو افتاده ام و
قلب دریایی من بی رمق از فاصله هاست؟
چه شنیدی...
که مرا خوارِ غضب کردی و باز
نقلِ این واقعه سرگرمیِ بی حوصله هاست؟
آرزو می کنم این قصه به آخر نرسد
صحبت از عشق من
و
مهرِ تو و
لطفِ خداست
در سرم پر شده افکار پریشان و هنوز
یادِ تو بارقه ای مملوِ تصویر و صداست!
خسته ام...
خسته ازین کوچه، ازین فاصله ها
بی تو دنیایِ من از شادیِ آینده تهی ست
مرغِ عشقی شده ام یکه و تنها به قفس
که پرش بسته
و
در پیکره اش حنجره نیست!
یا تو برگرد و مرا زندگیِ تازه ببخش
یا که می میرم و...
این بار گنه گردنِ توست
از رها مانده همین شاعرِ خشکیده قلم
که همه زندگی اش دردِ سفر کردنِ توست!

معجزه زندگی

به تماشایِ خدا در دلِ یک صبحِ سپید
به پریشانیِ گیسویِ زمین
در کفِ باد
به شکوفاییِ رویا
به شفابخشیِ عشق
به درخشانیِ اشکی که زچشمِ تو فتاد
به دل آراییِ باغی که بهاری شده است
به عطشناکیِ گل...
درهوسِ جرعه ی آب
به دل انگیزیِ یک رایحه
بر دوشِ نسیم!
به گذر کردنِ یک قاصدک
از حلقه ی خواب!
به سبکبالی یک ثانیه در مستیِ عمر
به ثمربخشیِ یک بوسه ز لب های سکوت
به اشاراتِ قلم
با گل و پروانه و شمع
به سراشیبیِ عریانِ جهانِ ملکوت!
به فراوانی آیینه در آرامشِ سنگ
به خطوطِ کجِ پیراهنِ تب
بر تنِ یار
به نوازشگرِ باران و به زایشگرِ ابر
به رهایی ز قفس های زمان
معجزه وار!
به بلوغِ سحر از تابشِ خورشیدی و داغ
به صمیمیتِ لبخنده ی نوباوه ی برگ

به تکاپویِ تولد
به رسیدن
به ظهور
وان تلنگر که زند فصلِ خزان
دستِ تگرگ!
به هیاهویِ پدید آمده در دامنِ خاک
به فریباییِ یک منظره
در قابِ حضور
به سرافرازیِ نیلوفرِ پیچیده به خواب
که تجلی کند از چشمه ای آکنده ز نور
به همین دم...
که رها شعر تو را زمزمه کرد
به همین لحظه...
که سرمنشاء بالندگی است
عاشقت هستم و
از مرزِ قسم می گذرم
عاشقت هستم و...
این معجزه ی زندگی است!

مسافر

بگیر جانِ مرا ای زمانه
باز بگیر!
که دیگر از نفس
این آهِ بی صدا باقی ست!
کنون که در مواجهه با خود
دچارِ تضعیفم
قرارِ راه و قدم های خسته
الحاقی ست!
هزار شکوه ز دردها در تنم دارم
هزار غصه دلم را اسیر می گیرند
خموده شانه ی مردانه ام
از آفتِ یأس
شکوفه هایِ باور من
در کویر... می میرند!
شبم اسیر سلطه
و
چنگالِ دیوِ بیداری ست
زمان ز راهِ بلندم نظر نمی دوزد
شبیهِ ماهی قرمز... که با نویدِ بهار
درونِ تنگِ بلورینِ خویش می سوزد!
بگیر جانِ مرا ای زمانه
باز بگیر!
چراغِ خانه فروزد ز سوزِ خود آهم
در آسمان هدفم را چگونه گم کردم
که یوسف از غمِ فردا
تکیده در چاهم!

پرم شکست
و
مرا خوش نشینِ غربت کرد
چو چشمِ خیسم از ادراکِ شب
سیاهی رفت
کجای راهِ رسیدن به عشق برزخ بود
که پایِ لنگِم از آن نقطه... اشتباهی رفت؟
بدین شقاوت اگر زندگی ست
باید مُرد!
رها فقط به دلش زنده است
و
احساسش!
زمانه... آه زمانه... چه قدر باید رفت
که زندگی به پری بسته
طی شود راهش؟!

شعر دلتنگی

ستوه آمدم از زمین و زمان
درین خانه تنهاتر از من
خداست!
پُر از ابرِ دلگیرِ بارانی ام
ولی رویشِ اشک ها
بی صداست!
درونم غمی کهنه...
جان می کند؛
کسی در من...
از دستِ من خسته است!
ازین شامِ تاریک
پژمرده ام
ولی بالِ پروازِ شب
بسته است!
من از پشتِ دلتنگیِ شیشه ها
به یک راهِ بی رهگذر
خیره ام!
زمان پیشِ چشمم کجا می رود؟
گرفتارِ تکرارِ زنجیره ام!
لبالب سکوتم... ولی با قلم
تنِ واژه ها را...
رفو می کنم؛
به شعر آشنا می شود دفترم
و با خود...
کمی گفتگو می کنم!

کسی باید از نو بسازد مرا،
که فردا شود
این شبِ رو سیاه!
درونم هنوز آسمان دیدنی ست؛
من از من...
جدا مانده ام بی گناه!
خدایا کمک کن...
رها خسته است!
نمی خواهد از غصه ها
بشکند!
کنون با تمامِ پریشانی اش
به شوقِ سلامِ تو...
در می زند!

گل نمی خواهم

آنچه امروز به تقصیرِ تو از دنیا رفت
غنچه ای بود...
به زیباییِ یاقوتی سرخ
به دلاراییِ لب های تو، گاهِ لبخند
به تماشاییِ نوباوهٔ معصومی که
می شد از موهبتِ شبنم خردی خرسند
که در امنیتِ گلدانِ لب پنجره ای نورانی،
رو به آرامشِ دریایِ خدا
سکنی داشت!
و نگاهش...
دلِ هر رهگذری را می برد
و به داراییِ جانی که درو جاری بود
عطر مواج و شمیمِ نفسش معنا داشت!
من به ماهیتِ دیدارِ تو دلخوش بودم
تو به دلداریِ من شاخه گلی را کشتی؟
و چه خونسردی غمگین و عجیبی
در توست!!!
و کنون می دانم،
که نمی دانی از آوردهٔ تو دلگیرم...
و سکوتت نتواند که گناهت را شست!
آه ازین هدیه،
که با فکر من او را چیدی...
فارغ از لطفِ صمیمانهٔ تو غمگینم
و پس از دیدن مرگی
که دلیلش عشق است

ته نشین شد دلم از گریهٔ آهنگینم
با من از عشق
چه می گویی اگر می دانی...
که تو را در همهٔ ثانیه ها می خواهم؟
مگر احساسِ تو
این لحظه چه فرقی دارد،
با دمی پیش...
که بگذاشت قدم در راهم؟!
دیگر از فلسفهٔ عشق چه می باید گفت؟
که تو سرمنشاء پاکِ نفسی در جانم
زندگی بی تو برایم به دمی ممکن نیست
من به تأثیرِ تو...
رویین تنِ این دورانم!
عاشقان جمله اگر شاخهٔ گل می دادند
در زمین نسلِ ظریفشِ به تعادل می سوخت
حیف ازین کودک بیچاره که با بی مهری
روی دستانِ تو خشکید و...
لب از گفتن دوخت!
عاشقی را به تمامیت نامش عشق است
نه همین روز...
که هر روزه محبت زیباست
گل نمی خواهم و
می خوانم از آن چشمانت
تهی از سفسطه حست به رها پابرجاست!

فانوس شب

خاطرم هست که آدینه تماشایی بود
وقتی از آمدنت
کوچه چراغان می شد!
ساعتِ خسته،
نفس را به دقایق می باخت
و زمان...
از گلِ لبخندِ تو
شادان می شد!
من در آرایشِ دیدارِ تو
زیبا بودم
و تو با هر قدم
از فاصله کم می کردی
سطحِ هشیاری ام...
از سویِ نگاهم می کاست
چو پس از یک شبِ مانا
بغلم می کردی!
ناودان خیره به بارانِ خداوندی بود
باد... با رایحه ی خوبِ تو
غوغا می کرد!
نبض...
در قلبِ خلل ناکِ زمین
حس می شد!
و مرا از غمِ پارینه
مبرا می کرد!
حال... دنیایِ مرا بی تو
خلاء پر کرده

هیچکس بر تنِ لب...
بوسه نمی پوشاند!
روز و شب...
منتظرِ معجزه ای ملموسم،
که تو را سویِ منِ غمزده برگرداند!
تا کجا زخمِ نفسگیر تو
زخمی تازه ست؟
گیجم از حادثهٔ مبهمِ سرگردانی!
غرقِ رویایِ تو
پایِ نفسم می لنگد...
منگم از خستگیِ این سفر طولانی!
تا که آهنگِ سکوتِ تو
قفس می سازد...
من سراپا غمِ دلواپسی از فردایم
بی تو مانند درختی،
هدفِ پاییزم
که در آماجِ دوصد تخطئه پابرجایم
شهرِ من بعدِ فروپاشیِ دل
جایی نیست...
جز همان کوچه که
ردی ز تو در خود دارد!
جز همان پنجره کز موهبتِ لبخندت
به شکوفاییِ صد خاطره می پندارد!
تا قلم دستِ رها بالِ پریدن دارد
روحِ آفت زده ام
زخمیِ نافرمانی ست!
عاشقم...عاشقِ عشقی که تو یادم دادی
وز تو می گویم و فانوسِ شبم نورانی ست!

در تلاطم یک رویا

شب بود و خلوت در دقایق دست و پا می زد
من بودم و ادراکِ نامیرایِ دلتنگی
ظلمت مدام...
از وحشتِ دوشینه می پرسید
نجوایِ دل رد می شد از دیواره ای سنگی
هر ارتعاشی پلکِ شب را
منبسط می کرد...
طرحِ سکوتی کهنه در ویرانهٔ ما بود
چشمانِ خود را بسته بودم،
تا بیاید صبح!
گو اینکه بی خوابی
چراغِ خانه ی ما بود!
ناگه...
در آغوشِ تو خود را آرزو کردم
نیلوفرین در انحنایِ شب خرامیدی!
یک قطره اشک
از آسمانِ دیده ام افتاد
چون پیچکی...
از خاکِ باران خورده روییدی!
محوِ تماشایِ تو مهتاب آمد و خندید
گل های خواب آلوده
در گلدان برقصیدند
عطرت به سختی....
در فضایِ خانه جاری شد
پروانگان شهدی گوارا جرعه نوشیدند!

همسطحِ هشیاری...
دگرگون می شد احوالم
رویایِ عریانِ تو اقیانوسِ ژرفی بود
توفنده آغوشت...
مرا در خود فرو می برد
هر بوسه ای...
تعبیرِ احساسِ شگرفی بود!
آن شب عطش همواره ناهمرنگِ آتش بود
یکسر هراسِ رفتنت از لذتم می کاست!
پیشم بُدی...
اما نه در رویا و بیداری
چشمم تو را می دید
و
دنیایم تو را می خواست!
وقتی سحر دستِ تو را از من جدا می کرد
در سایه اش آرامشِ نو رسته
مدفون شد!
من ماندم
و
تنهاییِ متروکِ بی فردا
آسایشم با وحشتِ آینده همگون شد!
بعد از تو اینجا ساعتی دیگر نمی چرخد
گویی مرا در شهر تنهایی
ـ رها ـ کردند!
تنها نفس هایی که از کوچِ تو مخدوشند
آیینه هایِ خانه را
بیهوده...
ـ هاـ کردند!

آنسویِ فردا

عشق...
دنیایِ میانِ من و دلتنگی هاست
وقتی از آمدنت فاصله بی تأثیر است
ترسِ گم کردنِ دستانِ تو
پیش از فرداست
که به عریانیِ یک حادثه
دامنگیر است!
یکسر از عطرِ تو
در خاطره گل می روید
دیگر از ظلمتِ شب
واهمه ای در من نیست!
می شتابم...
همه جا گرچه پر از تاریکی ست
غرقِ آغوشِ تو بودن که
کم از دیدن نیست!
نبضِ ادراکِ تو در آینه ای از لبخند
قلب معلولِ مرا یکسره می جنباند
می دهد خون به رگانم
هوس ات بی پروا
و برم سویِ تمنایِ تو می گرداند!
زندگی...
پشتِ همینِ پنجره ها هم زیباست
با همین مهرِ فزاینده
که در دل دارم
بالِ پروازِ مرا
دستِ زمان می چیند

وقتی اندازه ی چشمانِ تو
منزل دارم!
عمرِ آسایشِ من
در گرو این رویاست
ز همین رو
به هواداریِ خود سرسختم!
هر نفس...
با تو بهشتِ منِ عاشق، دنیاست
هر کجا پیشِ تو باشم
به خدا خوشبختم!
با -رها- نامِ تو
در خاطره ها می ماند
که جهان را به سرودِ تو
خبر خواهم کرد
تا قلم...
تکیه به احساسِ قشنگت دارد
با تو آسوده از آینده گذر خواهم کرد

برهوت

تو در لباسِ عروسی چقدر زیبایی
به چشمِ مردِ غریبی
که با خیالِ تو
سوخت!
چه ساده له شد از عشقی
شبیهِ قصه و خواب
کسی که پشتِ حجله
دلش را
به درد وغصه
فروخت!
چو دشمنانِ کثیفت
نکوهشت نکنند
نگفتم...
آنچه دلم را
دچارِ مخمصه کرد
کنون تو در برابرِ جمعی
طلوعِ لبخندی
شکسته حرمتِ چشمِ مرا
تراوشِ درد!
تمامِ روز و شب من
به این بهانه
گذشت...
کسی به غیرِ منت
شانه بالشت نکند
به یادِ رویِ تو
با خود...

چه عهد ها بستم
که دستِ
زشت
و
زمختی
نوازشت نکند!
لبت چگونه شعله بگیرد
در انفجارِ هوس؟
کجایِ پیکرت از تب
برهنه گردیده ست؟
هوای خلسه
برایت...
چه لذتی دارد؟
زمان در امتدادِ وصالت
چگونه چرخیده ست؟
بگو چه مدت از این شب
در استفاده گذشت؟
برایِ نیتِ غسل ات
که را صدا کردی؟
اسیر پنجه ی گرگی شدی
که بعدِ نماز...
کمین نشسته به راهت
که تا تو برگردی!
چرا گلِ بدنت را
به شهوتی دادی...
که در وجودِ ظریفت
طبیعتی گم بود؟
نگاهِ زخمیِ من را
مگر نمی دیدی

که از شنیدنِ
آهت...
پر از ترحم بود؟
خزیده در تن و روحم
عذاب زن شدنت!
اسیر جوششِ دردم
در انزوایِ سقوط!
نهاده...
سر
به
گریبان
درین کشاکشِ تلخ
طنینِ ممتدِ پوسیدنم
درین برهوت!
برای رد شدن از غم
شکسته بال و پرم
عذاب روحِ مرا
آسمان نظاره گرست
گسسته بندِ وجودم
از اعتیادِ زمین
کسی درونِ من
از من...
همیشه بی خبرست!
خدا خدا کنم...
از زخمِ سرنوشتِ سیاه
اگرچه بانگِ رسایم
به گوشِ کس نرسید
دوگانگی نفسم را
به دستِ لحظه سپرد

نه دل سپرده‌ی مرگم
نه رهسپارِ امید!
تو در لباسِ سپیدت
عجب دلارایی
به چشم مردِ غریبی
که با فریب تو
باخت!
شکسته بغضِ مهیبی
حریمِ خاطره را
رها سرود و قلم را
ازین فسانه
گداخت!

حسِ خوب پرواز

فضایِ خانه عطر آگینِ رویاست
تو اینجایی و
ماه
و
شور
و
لبخند
شگفتا...
عقربک هایِ زمان ساز
به کامِ لحظه هایِ تازه تلخ اند!
تو باید کاشفِ آیینه باشی
که من در چشمِ زیبایت غریقم
در آغوشت...
خطر یارا ندارد
شبیهِ قاصدک بر دوشِ تیغم
اقاقی بویِ خود را از تو گیرد
شقایق نقشی از پیراهنِ توست
کجا دنیایِ من وابسته ات شد
که بی پروا
سرم بر دامنِ توست؟
تو حسِ خوبِ پروازی بلندی
ندارد انعکاسی بی تو فریاد
چنان فواره...
می جوشد گلستان
گر آبستن کنی در رهگذر باد!

تنت گهواره ای همرنگِ گل هاست
به دیدارِ تو
عادت کرده ام پاک
مبادا صبحِ فردا
رخ بپوشی
و
من تنها بمانم زار و غمناک
مرا با بوسه ای همجنسِ مهتاب
به قدرِ یکِ شبِ جانانه دریاب
چو نیلوفر...
که محرابش طلوع است
نگاهت می کنم در بطنِ پایاب!
مه آلودم اگر دور از تو باشم
چو فانوسی...
که در دامِ افول است
مرا نو کن
بنوشان
زندگی بخش
تویی باران...
که در حالِ نزول است!
دلم با شعله ی عشقِ تو گرم ست
کلید عمرِ من
در دامنِ توست!
به عریانی بگیر از پیکرم تاب
تکاپو کن که روحم
مأمنِ توست!
دلارامم بمان تا عاشقی هست
عطش با بودنت معنا ندارد
بسانِ سرو اندامت
درین شهر...
نگاری قامتِ رعنا ندارد!

تو خود شعری
که جاری می شوی باز
به سطرِ دفتری
بی رنگ
و
بی جان
پرستاری کن از قلبی که حتی
نمی خواهد پذیرد
با تو درمان!
هنوزم شاعری در من
اسیر است
خلاصش کن
که پابندِ تو باشم
رها وقتی سزاوارِ رهایی ست
که من محتاجِ لبخندِ تو باشم!

شکسته بال

دیرگاهی ست که در باور غمگینِ افق
جز غروبی که...
حذر می کند از پنجره
نیست!
منم
و
عنصرِ تنهایی
و
اکسیرِ زمان
در کسی...
تابِ نظر کردنِ این منظره
نیست!
چشمم از اشکِ فواصل
متلاطم شده است!
لاشه ای...
محبسِ بی روزنه ی روح من است!
می مکد شیره ی بی خاصیتِ جانِ مرا
ارتعاشی...
که خطایِ دلِ مجروح من است!
قدرِ دلتنگیِ من
در گرو خاطره هاست
اینچنین... غرقِ فراموشی
و
اغوا شده ام!
هر شب از غصه ی من
بغضِ خدا می شکند

که به اندازه ی او
بی کس و
تنها شده ام!
پُرم از حرکتِ بی وقفه ی این عقربه ها
در فراسویِ زمان
جیغِ دقایق... شنواست!
شاعری می چکد از سطرِ فروزانِ عذاب
آسمان منقلب از...
اینهمه تصویر
و
صداست!
من گرفتارِ شبِ بی سحرِ حادثه ام
موجِ واپس زده ای خسته
در ادراکِ سکوت
با هبوطم...
کمرِ خلقتِ پروانه
شکست!
کنجُ تبعیدم...
از آرامشِ نابِ ملکوت!
سیرم از پستی انسان و
تمنایِ زمین
زندگی...
وسوسه ای پوچ
و
خیالی گذراست!
من اجل را
به تمامیتِ جان می طلبم
مرگ شیرین رها... راهِ رسیدن به خداست

روزنه

عشق، لبخندِ تو در آینه ای از رویاست
پرسشی ساده...
که ماه از شبِ زیبا دارد!
حسِ پیدایشِ یک روزنه
در تاریکی ست
که ز چشمِ من
و
پروانه تماشا دارد!
لرزشی کوچک...
از اعجابِ نسیمی جاری
رویشی سبزتر از روحِ گیاهان در خاک
عطرِ یک باغچه
در حالِ نزولِ باران
چرخشی...
در جهتِ چیره شدن برافلاک
طعمِ یک خاطره!
یک وسوسه!
یک بی وزنی!
سایه ای...
تُرد تر از خواب صدف در پایاب
بوسه ای با ولع
از گونه ی یک نیلوفر
دردِ پیچیدنِ یک شاخه به پایِ مهتاب
لمسِ یک صاعقه
در وضعیتی طوفانی

تک به تک
رد شدن از پیچ و خمِ این دنیا
موج ها را به طلب خواستن
و
خوش بودن
رد پایی که خودش را ببرد تا دریا
عشق...
نیروی شفابخشِ همه آدم هاست
این امیدی
که رها با تو به فردا دارد
بذر مهری...
که به همراهیِ شعری چون باد
در تنِ مزرعه ی پاکِ دلت می کارد!

فاصله

بر تنِ باغچه ردی ز قدم های تو نیست
این سکوت آنهمه تلخ است،
که پژواکِ صداست
مُردم از غصه ی بیچارگی پنجره ها
این گنه گردنِ کم طاقتیِ
ثانیه هاست
تو به یک وسوسه
دل کنده ای و
گرگِ خزان،
قاصدک های مرا
کشته به همدستیِ باد
من به اندازه ی یک خاطره
دلتنگِ توأم
و
مرا قلبِ تو در حادثه ای
برده ز یاد!!!
خانه...
بی عطرِ نفس های تو
زندانِ من است
هر طرف رو کند آیینه ی جان
چهره ی توست!
شاید از مرثیه ات
چشمِ من آزرده شده
که پسِ پرده نیانداخته
تصویرِ درست

بینِ دنیایِ من و تو
سفری ممکن نیست!
قدرِ دلواپسی ام
در گرو
تقدیر است
این نفس هایِ پراکنده
عجب بی روحند!
دور از امنیتِ آغوشِ تو
شب تبعید است
قصه ی دوریِ ما هیچ نهایت دارد؟
خسته از فاصله ام
کاش
که
بر
می گشتی

قاب سکوت

امشب این خانه پر از خلوتِ آهنگین است
من و تنهایی باز...
فارغ از ثانیه هایی
که نفس می گیرند،
بغضمان سنگین است!
و نمی داند خواب
که ملاقات تو
همواره مرا تسکین است
بی تو دنیایِ من از پنجره ها بیزارست
سویِ چشمانِ پر از گریه
درین خاموشی...
زخمی تکرار است!
و ز خود می پرسم
که چرا...
سهمِ احساسِ من از منظرهٔ لبخندت
قاب عکسی ست
که زینت گرِ یک دیوار است؟!
هر قلم شعرِ مرا مرثیه ات می سوزد
آه...این فاصله ها تا به کجا مانایند؟
مانده ام با کلماتی،
که درین ویرانی...
تک به تک در قفس خاطره
می فرسایند!
دور از امنیتِ آغوشِ تو
شب، تبعید است
گرچه رویایِ تو
مهمانِ منِ بی فرداست

بی تومی ترسم و
در قلب من آرامش نیست!
دائم اینجایی و
دلتنگیِ من پابرجاست!
یا تو برگرد و
مرا در دلِ خود پیدا کن
یا من از عشقِ تو می میرم و
می آیم باز!
ساده می گویم...
از اجبارِ نفس دلگیرم
از رها مانده...
همین پیکرهٔ بی پرواز

هبوط

تماشا کن چه مانا می شود شب
کنار کوچِ لبخندت...
که پیداست!
به باران می سپارد
گونه را یاد
تو اینجایی
و
دلتنگی هویداست!
نمی دانم تنم بعد از غروبت
نمی پوشد چرا پیراهنِ خاک؟
صدایت می کنم
بی وقفه،
اما...
فراسویِ ندایم
نیست پژواک!
بیاویزم مگر بر دامنِ خواب
بدارد تا عطش فانوسم از دست
رجز می خواند
اندوهِ تو...
دریا
هوایِ انتظارت
وه... چه سر دست!
کجایِ مرزِ ناپیدایی ام باز
که از پایان گذشتم بی تو هربار؟
زمان بعد از غروبت
لنگر انداخت

چو کشتی
خسته از امواجِ پروار!
دریغا...
سقفِ تقدیرم فروریخت
هبوطم برزخِ پروانه ها شد
تو رفتی،
من به جا ماندم،
ولی باز...
رها اسطورهٔ دیوانه ها شد!

سازش

نگاه کن
چه عاشقانه
چشم های من...
ز هرم بوسه ات
به خواب می روند!
و
غصه های بی ثمر
در عنفوانِ شب
به جشن خلسه
و
شراب می روند!
نگاه کن
چه کودکانه
دست های تو
در ابتدایِ یک مسیرِ پر نوازش اند
و لب به لب
پرم ز واژه های نو رسیده ای
که حاملِ پیام سبزِ سازش اند
مرا میان بازوان خود
احاطه کن
که هر نفس
تویی دلیلِ زنده بودنم
درین قفس
اگر که جان دهم زدست
به جانِ عاشقت که
دم نمی زنم!

باز پاییز آمد

باز پاییز آمد
فصل دلتنگی هاست
و زمین با همه ی زیبایی
باز هم غمگین است
برگ ها بر بدن کوچه فرو می افتند
خش خشی می آید
و به گوش همه ی رهگذران این فریاد
نرم و آهنگین است
آسمان می گرید
من سراسیمه به دنبال کسی می گردم
که نفس هایم را...
وامدارش هستم
و تو در باغچه ی خاطر من بی پروا
باز هم می رویی
یاد دارم آن شب
وقتی از آینه ی چشم تو
رو بگرفتم
از رها پرسیدی...
دوستم می داری؟
از درون پوسیدم
و نمی دانستی
که من عاشق تر از آنم
که بگویم... آری
با سکوتی سنگین
بغض را بلعیدم
و گمان می کردم...

که تو ایثار مرا ظلم نمی پنداری
رفتی آخر
رفتی!
گرچه قلب من
از احساسِ جنون می ترسید
و درون قفس اش حسرتِ تو مانا شد
ولی این درد به خوشبختی تو می ارزید
آه پاییز آمد
فصلِ دلتنگی هاست
و من اینجا هر شب، تا سحر دلخونم
کاش بر می گشتی
تا بگویم... آری
عاشقم
مفتونم
واله ام
مجنونم

دوستت می دارم

نیمه شب وقتی ماه،
در هماغوشی رویایی ژرف،
بی صدا
دل به زمین داده
فرو می آید
و
به این پنجره ی باکره
پر می ساید
من به یمنِ قدمِ کودکِ مهتابش باز
که به اندازه ی لبخندِ خدا عریان است
در اتاقی خاموش...
تا شکوفایی چشمانِ سحر بیدارم
وز همین غصه،
که دوری به من و اینجایی...
بیش و کم حال غریبی دارم
هیچ اندیشیدی...
چه کسی مرز میانِ من و غم را برداشت؟
از خودت پرسیدی...
وقتی از حسرتِ یک بوسه لبم می سوزد
زندگی با تو
برایم چه ثمر خواهد داشت؟
آه یادت باشد
قلب من گلدانی ست
که محبت ز تمامیتِ آن می روید
و گل این گلدان، در جوار خورشید
یکسر از تابش چشمِ تو سخن می گوید!

دوستت می دارم...
گرچه بین من و تو
فاصله ای تا فرداست!
دوستت می دارم...
گرچه تصمیم سفر
وسوسه ای پا برجاست!
کاش می فهمیدی...
که برایت نفسی
یکسره در جریان است؟
کاش می بخشیدی...
آنکه را کز گنه عش تو
در زندان است
و نمی پرسیدی...
تو چرا زخمی دردی و لبت خندان است
آه یادت باشد...
زندگی سخت فراسوی زمان می تازد
غصه تاوان خطا را که نمی پردازد
عشق را باور کن...
عمر طولانی نیست!
هر نفس ذره ای از جانِ تو را می بازد
دوستت می دارم...
هرچه می خواهی کن
جز تودر مزرع این سینه پرستویی نیست
دوستت می دارم...
هرچه می خواهی باش
بی حضور تو درین سینه تکاپویی نیست
دوستت می دارم
دوستت می دارم

بی سرانجام

شب، برایِ منِ بی حوصله
یک تبعید است،
وقتی از پنجره...
لبخندِ سکوتت بیناست!
و خیالاتِ تو در آمدن و برگشتن
همچو باران
که تنِ خاطره را می شوید
علتِ واقعیِ رویشِ دلتنگی هاست!
انتظارِ تو که با فاصله ها خو کردی
واپسین جرعۀ آرامِ مرا
می نوشد!
او که از عادتِ بیداریِ من
آگاه است
با تمامِ نیرو...
تا سحر در رهِ آشفتگی ام می کوشد!
آه... اگر ذره ای
از عاطفه بو می بردی
سهمِ لبخندِ مرا
با لبِ خود می دادی
خسته ام....
از شب تاری
که در آن ممنوع است
سیب لب هایِ تو
با طعمِ خوشِ آزادی
دردِ من...
کوچِ تو از عالمِ زیبایی هاست

بینمان فاصله ای کهنه اصالت دارد!
تا کجا باید از ابرازِ حقیقت ترسید؟
صحبت از مهر و محبت
چه خجالت دارد؟
من تو را با همه پیچیدگی ات
می خواهم!
قلب من...
رسمِ سکوت از تو نخواهد آموخت
دیده بر راهِ تو می بندم و
می مانم باز،
گرچه چشمانِ مرا اشکِ تو
در سرما سوخت!

ناخدا

من به آیینه ی چشمانِ تـو دل بخشیـدم
گرچـه تصویـرِ من از مقبـره ها بیـزارست
سرزمیـنِ بـدنت غـربتِ تلخی دارد
انتخـاب از بـد و بـدتـر همه جا دشوارست

قصه ی تـرسِ تو از اینهمه دلتنگی چیست
که لبت یکسره از بـوسه شکـایت دارد؟
بسکه از منظره ای یـخ زده گل می چینم
به زمستـانِ تنت دستِ من عـادت دارد

عشق اگر اینهمه غارتگر و بی پـروا بود
پیش ازین خـاطره هـا قصدِ سفـر می کردی
شایـد آن دوره ی پر حادثه را یادت نیست
که برایم چـه دلیـرانـه خطر می کردی

این قفس روزنه ای رو به رهـایی خواهد
سایـه هـا منکسر از خستگیِ خورشیـدنـد
قبل ازیـن فـاجعه دستـانِ نحیفم بودنـد
که به احساسِ تـو یک پنجـره می بخشیـدنـد

قطره ای فرصت اگرمانده درین قحطی، کاش
سهمِ این دانه ی خشکیـــده ی طاقت باشد
قسمت می دهم ای خفتــه بیــا کاری کن
عشق اگر رفتــه ازیـــن خـانــه، رفــاقت باشد

بغضِ ایــن ثـانیــه هــا را به کـدورت نشکن
هر دلی نیمه ی ره جـا بزنـد خـواهد سوخت
نازنین حوصله کن، راهِ سفر طولانی ست
تن به تقدیــرِ رقم خورده اگر بایـــد دوخت

گرچه می ترسم از آرامشِ پیش از طوفان
دل بـــه دریـــا زده ام، تـا تــهِ خط همراهم
چون قلم دستِ رهـا را همه جـا می گیـــرد
لحظـه ای یـــادِ تـــو جــاری نشود بی آهم

مجنون

به لب های شفابخشِ تو سوگند
به گیسویت که باغِ یاسمین است
برای من که دلتنگِ بهارم
تنت زیباترین جایِ زمین است

به دامانِ پریشان کرده در باد
معطر کن فضای خانه ام را
مرا در شهر آغوشت رها کن
به رقص آور دلِ دیوانه ام را

اگر لب تر کند چشمِ تو، باران
بهارم را به طوفان می سپارد
به من خو کن که بی مهر تو قلبم
زمستان را به خدمت می گمارد

نمی خواهم به دستانم بگویم
نوازش امتحانِ ساده ای نیست
وگر دلبستگی یک اشتباه است
درین دنیا چو من دلداده ای نیست

بیا با خنده ای همرنگِ مهتاب
شب تاریکِ اینجا را سحر کن
برای آنکه مجنونت بمانم
مرا با بوسه ها بی بال و پر کن

برای عاشقی باید خطر کرد
نمی خواهم گریزان از تو باشم
دلم چون مرغکی دیوانه ی توست
که می خواهم به زندانِ تو باشم

هراسانم مبادا چشمِ بد خواه
تو را از دستِ رویایم بگیرد
بیا تا زندگی سرمایه ی ماست
که جان خواهی رهایت می پذیرد

کلنجار

لبریزم از احساسِ نافرمِ طلبکاری
سرشارم از انگیزه های مردم آزاری

وقتی خیانت دیده ای دیگر نمی ترسی
از اینکه می دانی چه حالِ نادخی داری

اینجا کسی دلواپسِ اندوهِ شاعر نیست
گویی ندارد غصه ی شعری پرستاری

یکسر برای زندگی باید تظاهر کرد
آرامشت را می جَود بیهوده بیزاری

شمعی، اسیر شهوت و خودخواهی آتش
اشکت مدام از دیدگانت می شود جاری

وقتی زمان بازیچه ی تقویمِ احمق هاست
هر انتخابِ ساده ای می گردد اجباری

دائم عذابت می دهد آگاهی از فردا
هی می کنی با اعتقاداتت کتک کاری

آینده با سرگیجه ای پیچیده درگیرست
همواره دوشادوش شادی ها عزاداری

هر روزه تخمین می زنی خوشبختی خود را
می سوزی و می سازی و مانند ابزاری

بیهوده جـــانت را بــه نـــانِ خانـــه می بازی
مـــردی که زیـــر زایمانِ بـــایـــد دوام آری

می میری اما فرصتِ یک ناله ات هم نیست
مانند خـر، خو می کنـــد بـا گـرده ات گاری

شرمنـــده ی تقدیرِ بی رحمی که رامت کـرد
آسایشت گـــم مـــی شود در حـــالِ بیگـــاری

از غصه قلب زخمی ات همبـازی درد است
وقتی بـــه فرزنـــدانِ معصومت بـــدهکـــاری

شب هـــا تنت می سوزد از زخـمِ پـریشانی
چشمانِ خود را بستـــه ای با اینکه بیـــداری

چیـــزی نمی گویی ولی در خود فـرو رفتی
بـایـــد دقـــایـق را رضامنـــدانـــه بشماری

مغلوب بـــازی هـــای پنهانی... که پیـدایند
در قلب تبـــدارت گیـــاهِ کینـــه می کـــاری

گم می شوی در ازدیـــادِ خـطِ قـرمـــز هـا
می گیـــری از وجـدانِ خواب آلوده دلداری

چیـــزی بـــرای دادن از دستت نمی مانـــد
وقتی به جـــرمِ زنـــده مانـــدن هم گنهکاری

گوشی نـدارد موجِ فریـــادی که می خشکد
از بس بـرای بغضِ خـــود محتـــاج دیواری

تنها قفس همپایِ پروازت نمی ترسد
اینگونه در چنگالِ آزادی گرفتاری

بادا رها آخر بگیری انتقامت را
از دیوِ دنیایی که با او در کلنجاری

همرنگِ پاییز

آسمان در شبِ چشمانِ تو یک حادثه است
گاهِ همراهیِ باران، دمِ عریانیِ یاد!
وقتی از فرطِ فراموشیِ این پنجره ها
دلِ بی تابِ مرا... دستِ قضا داده به باد!

چه مُجدانه دریـن منظره پنهان شده ای
که زمین با نگهت غرقِ حواشی شده است؟
ترسم از لکنتِ پیوستـه ی ایـن آینه هاست
گرچـه از اشکِ تو دریـا متلاشی شده است

باغِ آفت زده در حسرتِ یک معجزه سوخت
شانه خـالی کنـد از غصه ی پنهانِ تو کوه
می شود بـر لبِ خشکیـده ی هر ثانیه دید
حسرتِ کنـدی و انکارِ زمـان را به وضوح

بـال و پـر بستـه بـه همراهیِ آهی شنـوا
بی تقلا... قفسِ خـاطـره را می شکنـم
زخمیِ کوچِ سحـرگـاهیِ یک مزرعه ام
که متـرسک شده بیننـده ی تنهـا شدنم

می چکد جانِ من از هر مژه ات با نمِ اشک
غصه مجذوبِ نفس هایِ غم انگیزِ من است
همچو شمعی که به فردایِ سعادت نرسد
فکر بگذشتن ازین صومعه پرهیزِ من است

مثلِ موسیقیِ جا مانده در آغوشِ سکوت
مثلِ یک نامه ی بی نام و نشانی شده ام
می مکد شیره ی شفافِ درختانِ مرا
رنگِ پاییزیِ فصلی، که نهانی شده ام

من درین غائله بیش از همه بی حوصله ام
ردِ غم هایِ تو بر روح و تنم ماندنی است
گریه بس کن که خدا هم نفسی تازه کند
پیشِ لبخندِ تو... اشعار رها خواندنی است

عقوبت

دلگیرم از دنیا و از نامردمانی که...
از غصه و اندوهِ عریان در جهانی که...

دیوانگی ها، دشمنی ها، نارفیقی ها
خویشان و نزدیکان و حتی از کسانی که...

شب ها مرا کز تلخیِ آینده محزونم
غم می فشارد در میانِ بازوانی که...

فرقی میانِ نور و تاریکی نمی بینم
لعنت به غربت در کنارِ همزبانی که...

اینجا محبت کسرِ شأنِ آدمیزاد است
رد می شود هر عاشقی در امتحانی که...

در سینه ام پروانه ای آهسته می میرد
می ترسم از دیدارِ شمعِ نیمه جانی که...

یکسر دچارِ وحشتی آلوده با یأس ام
با خود مدارا می کنم از شرمِ نانی که...

رسم زمان بازی میانِ خواب و بیداری ست
گل می خورد از یار خود دروازه بانی که...

وقتی که با وجدانِ خواب آلوده می جنگم
بر دوشِ من جان می سپارد قهرمانی که...

هر دم بـــری نـــو می دهـــد بـــاغِ گرفتـــاری
اشکم فـــرو می افتـــد از هر نـــردبـــانی که...

فـــرسایشِ بیهوده مبنـــایِ جهـــان بینی ست
می سوزدم پیـــوستـــه دردِ استخـــوانی که...

در کیشِ من صدهـــا گنـــاهِ بی عقوبت هست
حاجت نمی گیـــرم چنیـــن از آسمـــانی که...

بـــرگم که از گرمـــایِ تـــابستـــان گریـــزانم
گویی نمی دانـــم که می آیـــد خـــزانی که...

بیـــزارم از آیینـــه هـــای خـــالی از لبخنـــد
گوشم پُر است از های و هویِ این و آنی که...

لب را سکوتی کهنـــه بی رحمـــانـــه می دوزد
داغی که حاشا می کنـــم چـــون مادرانی که...

طفلی درونـــم یـــک نفس بیچـــاره می گریـــد
همچـــون زنان در سوگِ مرگِ همسرانی که...

شعـــرم که ابیـــاتم گریـــزان از تنـــزل نیست
شرحـــم به دفتـــر وصفِ حـــالِ ناتوانی که...

پـــایِ غـــزل در پیچ و تـــابی ساده می لغـــزد
وقتـــی قلم تـــن می فـــروشد در مکانی که...

حـــاشا اگر ایـــن قصه پـــایـــانِی سیـــه دارد
نامی ز مـــن بـــادا نمانـــد در زمـــانی که...

آری رهـــا هر روز و شب بیهوده می نـــالـــد
آخـــر چه می دانی تـــو از حـــال جوانی که..

عاشق مسلک

دلتنگ تــوأم، بی تــو جهانم گــذران نیست
آشفته ام و ایــن گنــه از سویِ جهان نیست

مردم زخطاپــوشی و چشمِ تــو نیــاموخت
کیــن شیــوه ی تا کردنِ با بی خبران نیست

با نــازِ خــود آتش مــزن آیینه ی جان را
در قالب من مشکِ تو می بوید و جان نیست

صبــری که تو خــواهانِ خــریداریِ آنی
در ماهیتِ جــوهــرِ بی رنگِ زمــان نیست

زینسان که ز انــدوهِ تــو در پــرده ملولم
جاری شدنِ خونِ دل از دیده عیان نیست

در مسلکِ این عاشق اگر چون و چرایی ست
در پیشه ی او صحبتی از سود و زیــان نیست

خورشیــدی و تاریکیِ شب ماحصلِ ماست
وین رسمِ هواخواهیِ ما بی خبـران نیست

نوشی که رقیب از گلِ لبخنــدِ تــو گیــرد
از چشمِ حسودِ منِ رنجیــده نهان نیست

دلخونم از آن بوسه که بخشیــدی و رفتی
دلگیــرم از آن غنچه که مانــا به دهان نیست

ای بی خبــر از عاطفه، انصافِ تـو را شکر
سهمِ من ازیــن باغِ پــر از میوه خزان نیست

تــرسم که غـرور تــو ز پایت بــه در آرد
بخت است و گهی همسفــر پادشهان نیست

خــواهم ز خــدا تــا که حکیمانــه ببندد
راهی که صلاحِ تـو و خیرِ تو در آن نیست

من با همه ی دبدبــه دیــوانـه ی عشقم
جــامی که شرابش نفسِ شیشه گــران نیست

خواهی که پشیمان شوم از عشقِ تـو؟ هرگز
وابستــه به زنــدانِ تــوأم، دل نگران نیست

باز آ که بــه اشعارِ تــرم غصه بمیــرد
بلبل که زهمراهیِ گل مرثیــه خوان نیست

در شعر رهـا حرفِ تـو تفسیــرِ بهشت است
جایی که ز غم هــای فروخورده نشان نیست

به یگانه دوست نازنینم حمید رضا مجیدی
که این روزها غصه ها رهایش نمی کنند و از اندوه بیماری عزیزی
آسمان چشمانش همیشه بارانی ست

عزیزم را مگیر از من

تمـامِ لحظه هـایِ مــن ز فقـدانِ تـو می سوزنـد
پـرم از درد و تنهایی، که مهمانــان هــر روزنـد
نمی دانـم ز دلتنگی کجـا بـایـد شکایت کــرد
چـه مذبوحانــه چشمم را به قلب کوچـه می دوزنـد

از آن روزی که دل کندی، نفس در سینه یاغی شد
حضورم بیــن آدم هـــا، بــه نــوعی اتفــاقی شد
به هر تــرفنـدی از دنیــا تقاضــای سفـر کردم
دلم پــروانـــه ای زخمی، خیــالاتت چــراغی شد

هنــوز آیینه ها اینجا زتصویــر تو رنگیــن انـد
زمیــن و آسمان گویی بـرایت هر دو غمگیـن اند
به گنجشکان زمستــان ها کسی چیــزی نمی بخشد
اقاقی هــای گلدانی، زبــرف کهنــه سنگیــن انـد

چـرا چیـــزی نمی گویی؟ مگر قصد سفـر داری؟
مگر بیش از منِ عاشق، کسی را دوست تر داری؟
به ظاهر گرچــه خـاموشی، بـرایم زنـده ای مادر
نمی بینی مــرا امــا، زاحــوالــم خبــر داری

نفس می گیــرم از دنیــا، که بشناسی صدایــم را
به دستـــانِ تــو می بخشم، تمــامِ بوسه هــایــم را
عذاب بی تـو سر کردن کم از چشم انتظاری نیست
نبــاشی عــاقبت شویــد، سرشکم رد پــایــم را

خـداونــدا صبوری کن، نه حالا نوبــت مــا نیست
مگر غیـر از عزیزِ من، کسی دیگر به دنیا نیست؟
مبــادا نــاله هــای من، بــه گوشت بـی ثـمر افتــد
خـــدایی کن، خـــدایی کن، کـه هنگامِ تمــاشا نیست

دعـــایم را اجــابت کن، چـو پیشت آبـــرو دارم
که در مـــن هرچـــه مـی بینی، ازو دارم، ازو دارم
رهـــا ناگفته بنـویسد، که بـــر سجـــاده ام هـــر شب
چه چیزی از تو می خواهم، چه چیزی آرزو دارم

شبیخون

یک بغضِ بـی اراده و انبـوهی از سـوال
یک کشورِ رسـیـده بـه سرحـدِ انحـلال
یک دولتِ فخیمـه ی در حـالِ انفعـال
یک آلـتِ اتـم بـه بلنـدایِ ابتـذال

کوروش چرا به سرزمین وسیعت قـرار نیست؟

یک انتصاب شرطی و جـرثـومه ی فساد
یک دیپلماتِ لخـت و پیـامی بگوشِ بـاد
یک در که ساده بستـه شد از تـرسِ انتقاد
یک سر کلاهِ دیـن که به سر می شود گشاد

آخـر درین میـان چگونه شریعت شعار نیست؟

یک قومِ بی حـواس و شبیخـونِ اخـتلاس
یک دزدِ حیله خـورده و یـارانِ ناشنـاس
یک لب که می کنـد ز سکوتِ خود اقتباس
یک طفلِ بی گنـاه و تماشایِ یک قصاص

این هموطن همـان عروسک بـالایِ دار نیست؟

یک کاسه دستِ پیرزنی خستـه از قنـوت
یک روز و شب فشار و کمی قوتِ لایموت
یک پیـرمردِ بی کسِ بغ کرده در سکوت
یک پـاکتِ پراز زر و هی پشتِ هم فلوت

اینجا مگر پس از گذشتِ زمستـــان بهار نیست؟

یک خانه ی تهی شده از پـرسه، یک مکان
یک دختــر نـداده... در آغـــازِ امتحـــان
یک ملتِ غیـــور و مسلمـــان و قهرمـــان
یک بچــه غـرقِ شرمِ گدایی بــرای نـــان

شادی چرا دریـــن زمانه ی ما مانـــدگار نیست؟

یک سکه رنگِ خـون پدر در عــذابِ کار
یک غصه جنسِ گریه ی مادر از انزجــار
یک دل که داده دستِ هـوایِ خود اختیـــار
یک خر که می چرد که نمیرد به زیــر بار

استـــادگی دگر بـــه راهِ وطن افتخـــار نیست؟

یک شاعـــرِ شکسته و یک شعرِ بی دلیـــل
یک اشکِ بی صدا که فتـاد از دماغِ فیـــل
یک سو رها که با قلمش مرد غصه هاست
یک سو غمی که قافیـــه را می کند علیـــل

دلخوش چرا شوم به بخت سیاهی که یار نیست؟

روزگار عاشقی

یادم آیـــد که در آن دوره که مـا دل بستیم
عاشقی رنگِ خیـالات سحرگـاهی بـود
بیش و کم فلسفه ی معجزه معنایی داشت
زندگی شکل همین حوضِ پر از ماهی بود

آسمان دامن گلگونِ شفق بـر تـن داشت
کز پسِ پنجـره لبخنـدِ تـو بینا می شد
تا زمـان فاصله ها را زمیان بر می داشت
همه تـــن دیـده گرفتـــار تمنـــا می شد

من سرآسیمـــه در آن فرصت استثنایی
بوسه ها را به قدم های تو می بخشیدم
بهر گیسویِ تـو از مزرعـه ی احساسم
غنچه ای تازه شکوفا شده را می چیدم

عشقمان رایحه ی خوب خدا را می داد
شب ما با همه ی سادگی اش رویا داشت
قلب آدم نه به اندازه ی یک مشتش بود
هر تپش منظره ی روشنی از رویـا داشت

ولی امروزه کسی منتظـر فـردا نیست
غصه ها حـاکم بی رحمِ زمـان ماینـد
عاشقی مهر حماقت به بشر می کوبـد
همه بـا غربت تنهاییِ خـود تنهاینـد

دیگر از عاطفه یک قصه به دفتر مانده
هرکسی مرتکب بوسه شود محکوم است
صحبت از قهر خدا با همه ی آدم هاست
که برای منِ کم حوصله نا مفهوم است

گرچه از خاطره ها نقشِ غباری برجاست
تو هنوزم به دلم ریشه تناور داری
از رها مانده همین شاعر غمگین اما
من همان عاشقِ زارم که تو باور داری

بیراهه

در عنفوانِ شب ، وقتی خیالِ تو
با زندگی مرا ، بیگانه می‌کند
چشمانِ خسته‌ام ، بارنده می‌شوند
دلتنگی‌ات مرا ، دیوانه می‌کند

پیوسته با منی ، هر جا که می‌روم
همراهِ هر نفس ، همسویِ هر نگاه
در من شکفته‌ای ، اما ندارمت
می‌بینمت ولی ، دوری به قدرِ ماه

حرفی نمی‌زند ، عکست میانِ قاب
یاری نمی‌کند ، تا باورت کنم
فرصت نمی‌دهد ، با اتکا به شعر
همدوشِ واژه‌ها ، زیباترت کنم

هر در که می‌زنم ، رو به تو بسته است
کابوسِ انتظار ، آخر نمی‌شود
ذهنِ خموده‌ام ، بیراهه می‌رود
حالِ کسی ازین ، بدتر نمی‌شود

کاش امشب این سکوت، یکباره می‌شکست
می‌گفتم آنچه را ، در دل نهفته‌ام
وقتی که با توأم ، جاری نمی‌شود
حرفی که بی تو با... آیینه گفته‌ام

آه از عبــورِ عمــر، از پــرسه هایِ مرگ
تقصیــر زنــدگی ، بیش از تــو و من است
در قطب اضطـراب ، آشفتــه می شود
شمعی که خستــه از ، تــرسِ دمیدن است

من صادقم ببین ، بیش از تــو با خودت
فرصت دریــن سرا، مرهونِ سایــه هاست
یک لحظه یک نفس ، بـا عــاشقی بساز
مهرت رسالتی ، بــر شانــه ی رهـاست

دلبند زیبای من

دلارامم بسانِ غنچه زیباست
بتی سیمین تن و ماهی فریباست
گلی سرخ از شراب زندگانی
صفایش در جمالِ او هویداست

یکی دوشیزه ی محجوب و مه رو
پریزادی ظریف و پاک و کم رو
چو تحسینش کنم با تکیه بر شعر
به سرخی می گراید صورتِ او

شب آغوشِ وی همزادِ روزست
زمستانم ز دیدارش تموزست
سزاوارم بمیرم در فراقش
که دل خود در کمندِ زلفِ او بست

پدید آرنده ی تحسین و اعجاب
وجودی نازنین با سیرتی ناب
قد و بالای رعنا همچنان سرو
گلِ نیلوفری در دامنِ آب

نوازش می شکاند پیکرش را
نخواهی دید ازو زیباترش را
شمیمش باب مستی می گشاید
بگیری گر در آغوشت سرش را

چه ها گویم ز تاب گیسوانش؟
وزان تیرِ نجابت در کمانش؟
نگاهی نافذ و لبخندی آباد
فروزان اختری در آسمانش

برنجد بهرِ هر ناکرده آسان
برون گردد ز کویِ ما خرامان
همی دانم که در قلبش نخواهد
که باشد عاشقش بی صبر و سامان

نشانش می دهد دنیا به انگشت
طبیب حاذقِ چشمش مرا کشت
نمی گنجد غمش در باور دل
که دریا جا نمی گیرد به یک مشت

خداوندا نگه دارش برایم
کمک کن تا بماند آشنایم
تو که دلدادگی دادی رها را
چراغی روشنش کن در سرایم

صاحب نقش

نگارینـا بـه اشکِ مـا وضـو کـن
بـه ایـن خونیـن دلِ دلخسـته خو کن
بـه سویِ قبله بـر سجـاده بنشین
دمی بـا عاشق خـود گفتگو کن

مـرا تـاب غـم هجـران نبـاشد

فـروزان گشتـه آتش در نهانـم
ز سودایِ تـو رسوای جهانم
به لبخنـدی گلستانم کن امشب
چو خـواهی سربلنـد از امتحـانم

ستیـز عشق تـو آسان نبـاشد

گریز از پنجه‌ی چشمت محال است
نگاهت پاسخ صدها سوال است
چو صاحب نقشی ای بانوی زیبـا
غمت چیزی ورایِ شور وحال است

بـدانی ، وز خـدا پنهـان نبـاشد

گل انـدامی ، قـدت چون سرو آزاد
پـرینازی ، پـریچهری ، پـریزاد
گلستـان می کشد خجلت هویـدا
چو بـر زلفت شکنجی نـو دهد باد

چنیـن اعجوبـه ای انسان نباشد

نشانی از مـدارا بـا منت نیست
محبت شیـوه ی دل دادنت نیست
بدان دست از همه دنیا کشیـدم
اگر دیـدی سری بـر دامنت نیست

چـه جـان گر لایق جـانان نباشد؟

مرا با بـوسه ای بی بـال و پر کن
سخن را حول و حوشم مختصر کن
بسوزان چشمِ حاسد را، بسوزان
بیـا یک شب در آغوشم خطر کن

الهی تـا عـدو شادان نبـاشد

دلم چـون مرغکی دیوانه ی توست
فقط در فکر آب و دانـه ی توست
بگیـر از دیـده ام پـروانه ها را
قدم نو کن که چشمم خانه ی توست

رهـا زیبنـده ی زنـدان نبـاشد

در مسیر انقراض

در سرم شیهه می کشند انگار
بعد ازین پرده خط پایان است
ساق پایِ فلان هنرپیشه
عاملِ سقطِ دین و ایمان است

پیش رو ترسِ جنگ و خونریزی
پشت سر وحشت از گرانی ها
دایماً مردِ خانه می زاید
زیر آماجِ ناتوانی ها

غصه نشخوار جمله شاعر هاست
خنده رویایِ خواب و بیداری
هرکسی میلِ نانِ شب دارد
همچو خر کرده خو به بیگاری

هر قدم سنگ و پای ما لنگان
هر طرف راه و سمت ما دیوار
دم به دم در هوای استفراغ
یک نفس لب گرفتن از سیگار

زندگی کردن از سرِ تسلیم
روز و شب های سخت و طولانی
از خدا مانده دلقکی رقصان
شکرِ سرمایه ی مسلمانی

عصـــر جمشیـــــد و ارز و بسم الله
سفـــره هـــا مملو از ویــــارِ نفت
دنـــــده ی اقتصـــادیِ معـــکـــوس
بیست و یک قرن و یکنفس پسرفت

خانـــه ها سنگرنـد و دشمن دوست
با سکـوت از تـرانـــه می گـوییم
صورتی شرحــه شرحه از سیـــلی
قصه ی عــــاشقـــانـــه می گوییـــم

مـــا جـــوانـــانِ بی سرانجــامیـــم
نسلمـــان را زنطفــه بـــد بستنــد
شستشــو داده مغـــز و آویـــزان
گـــرد افکـــارمـــان نمـــد بستنـــد

دوره ی انقـــراضِ تـــاریـــخ است
عصــــر اجبـــار و تهمت و ارشـــاد
بی گنـــاهان اسیـــر و در بنـدنـــد
جـــانیـــان ساده می چـــرنـد آزاد

تک به تک، دو بـه دو، جـدا مانده
هـــرکسی کــوکِ ساز نـــاسوری
ختنـــه بـــا انقلاب مـــا مُـــد شــد
یک قـــدم مـــانـــده قبلِ جمهوری

قیمتِ جانِ آدمیزادی...
توی بازار زندگی مفت است
قهرمانانِ ما شهیدانند
زنده ها خایه هایشان جفت است

خسته ام، خسته، کوهِ فریادم
مانده ام در حصار و در تبعید
این قلم شعرِ تازه ام را کشت
مبتلا بود و نسخه می پیچید

بی دست و پا

آه ای دلِ بی دست و پا... عاشق شدی آخر چرا؟
در سینه احوالاتِ تو آتش زند بیننده را
با صاحبت بیگانه ای، دل کنده از کاشانه ای
سرخود به هرجا می روی، آزرده می سازی مرا

هر شب به اشک و ناله ات خوابم ز سر بیرون شود
بیچاره چشمم تا سحر همبستر کارون شود
باری قناعت پیشه کن، چون با منت همسایه ای
تا کی تنِ رنجیده ات، بی اذنِ ما گلگون شود؟

دیگر چو مجنون عاشقی منسوب دلداران کجاست؟
بیخود مرارت می کشی، اینجا محبت کیمیاست
حاشا به دام افتاده ای ای کودکِ نوباوه باز
لیلایِ این دوران دگر فارغ ازین شب گریه هاست

بیچاره من کز دستِ تو دائم پریشان می شوم
از بس عذابم می دهی راضی به زندان می شوم
گاهی به سنگت می زنم، گاهی به دوشت می کشم
یکدم طلاقت می دهم ، یکدم پشیمان می شوم

در امتحانت می کُشد این عشقِ بیجا عاقبت
رسوایِ آفاقت کند وین خواب و رویا عاقبت
پروانه ای در آتشی، اما ملامت می کشی
مغلوب پروازت کند این چترِ مینا عاقبت

تا شهره ی ایــن عالمی، بـا دشمنان یــاری مکن
در سینه جا خوش کرده ای، دیگر خود آزاری مکن
دانم که در دریــایِ تــو پیــدا نبــاشد ساحـلی
در دامِ گلرویــان مــرو، بــا غصه همکاری مکن

تــرسم نگاهِ هــرزه ات وز نــو بنـوشانــد غمی
آرامش از کـف می رود، وقتـی اسیـرِ مــاتمی
بنگر رهـا بیچــاره بـا آیینـه صحبت می کنــد
قــدری مــدارا کن مگر، مــانی سزوارم هـمی

دردانه

چنان بلبل که بی علت، گرفتار قفس باشد
به جان می خواهمت حتی، اگر قصدت هوس باشد
مبادا رنگِ غم گیرد، گلِ شاداب چشمانت
که برقِ عالم افروزش، دلیلی بر نفس باشد

سراپا اشتیاقم تا، در آغوشت امان گیرم
زمان را گو بتازاند، که از دستش عنان گیرم
مرا در روضه ی مینو، چه جای شکوه دردانه؟
مدارا کن که تا کامی، زلب هایت عیان گیرم

جهنم در خیال من، همانا سوز آه توست
چو ما را کشته می خواهی، سرشکت خود سپاه توست
تو بیزاری ز عشق و من، اسیر عاشقی باشم
سزاوارم که تقصیرم، به قدر اشتباه توست

به سختی امتحانم کن، کزین سنجش ابایم نیست
چو بی اندازه زیبایی، تمنایت خطایم نیست
کماکان آسمانِ دل، هویدا اختری دارد
بجز این ره که می پویم، مسیری پیش پایم نیست

خدا با خلقِ چشمانت، محبت را حکایت کرد
خطای آفرینش را، فقط با اتکایت کرد
چه گیری خرده بر شاعر، اگر چشمم چنان شمعی
ز قهر خانمان سوزت، به دریاها شکایت کرد؟

مـرا آیینـه ی فـردا، گـواهِ عمـر کوتـاه است
ازیـن دم تــا دمی دیگر، به قـدر عـالمی راه است
نمی دانــد کسی امشب، سحـر را می تـوانـد دید
نه وقـت آمــدن با ما، نــه رفتـن هـا به دلخواه است

الهی چشـمِ بـدخـواهـان، سپنـد آتشت بـاشد
رفیقت شاهد و ساغـر، کمـانِ آرشت بـاشد
هـواخـواه تـو می مانـد رها، تا جـان به تـن دارد
تغزل پیشه اش، شایـد، سمـاعی دلکشت بـاشد

انتظار

حقیقت داره... از وقتی تو رفتی
شبِ این خونه غرقِ امتداده
یه بغضِ نیمه جون با طعمِ حسرت
نفس رو قبضه کرده بی اراده

سکوت آواره ی شهری شلوغه
که تنهایی پلاکِ کوچه هاشه
هنوزم ابتدایِ راه هر روز
هراسِ خستگی در انتهاشه

منه دیوونه حق دارم عزیزم
هنوزم خیلی دلتنگِ تو باشم
بذار با این توهم روبرو شم
که مهمونِ دلِ سنگِ تو باشم

فراموشی حریفِ قلب من نیست
تو دنیایی که خواب اندازه داره
فقط مرگه که می تونه با دستاش
منو از این قفس بیرون بیاره

حقیقت داره... باور کن که اینجا
یه عمره عاشقی چشم انتظاره
به احساسش جدایی کارگر نیست
تا برگردی به آغوشش دوباره

ماه مهر

باز هم اولِ مهر
بازیِ کیف و کتاب
دفترِ کاهی و مشق
زنگِ املا و حساب
صف به صف، نوبت کیست؟
بچه ها آمده اند
خنده ها بر لب شان
وه، چه زیبا شده اند!
دم دمِ خاطره هاست
جوششِ زنگ و صداست
موقعِ درس و سوال
„من بگم؟ نوبتِ ماست!„
دختران جمله به صف
پسران پر هیجان
گرمیِ شوق و سرود
موسمِ خوب خزان
بویِ مهر آمده باز
ماهِ پر کوش و حضور
وقتِ بیداریِ زود
آمدن از رهِ دور
کودکی ساده گذشت
دیگر آن ولوله نیست
مانده از آنهمه شور
حسرتِ نمره ی بیست

کابوس

کدوم دیوونه بعد از من
با رویایِ تو سر کرده؟
کجا از ترس تاریکی
لباتو شعله ور کرده؟
نوازش تا کجایِ شب
گرفته خوابو از چشمات؟
کی گرمایِ نفس هاتو
تو آغوشش هدر کرده؟

دلم پابندِ زخماته، که جا خوش کرده رو سینه م
پُرم از اشکِ پژمرده، نمی ده گریه تسکینم
محاله بعدِ این قصه، یه بارِ دیگه عاشق شم
هنوزم پیشِ چشمامی، ولی چیزی نمی بینم

برام کابوسِ دلتنگی
یه عمره تازگی داره
قفس می سازم از یادی
که کمبودش خود آزاره
تو رفتی تازه فهمیدم
کجایِ قصه بازی بود
خیانت دشمنِ مرده
که سایه ش رویِ دیواره

عبور از خاطراتِ تو، شبیهِ بی قراری نیست
تو قصدت کشتن من بود، جز اینم انتظاری نیست
پشیمونم بهشتم رو، به رویایِ تو بخشیدم
که تا وقتی تو حوایی، به آدم اعتباری نیست

کیفر

نه! هیچ امکان نداره این تو باشی
کسی که زندگی مو زیر و رو کرد
کسی که خستگی مو دید و عشقو
مثه خنجر توی قلبم فرو کرد!

نباید ساده خامت می شدم باز
منی که مهدِ زخمایِ عمیقم
منی که صاف و صادق بودم اما
خیانت دیدم از تنها رفیقم

بذار دنیا بدهکارِ تو باشه
تویی که پیشِ من بی اعتباری
تویی که غرقِ خونم باشه دستات
شبا راحت رو بالش سر می ذاری

عذابم کمتر از دیوونگی نیست
که عمرم خرجِ تقویم تو می شد
که قلب تشنه اما پر غرورم
چقدر آسوده تسلیم تو می شد

تمومش کن، نباید این دمِ مرگ
تو ذهنم ردِ اشکایِ تو باشه
تو دنیایی که مردِ خودکشی نیست
می خوام این کارِ دستایِ تو باشه

یک آرزوی دست یافتنی

همه روزه به گاهِ شمارشِ دردها
وقتی عقربه های شتابانِ ساعتِ آویخته بر دیوار
بی وقفه فاصله ام را با مرگ
کوتاهتر می کنند...
تنها به زندگی می اندیشم
و
به فرصتِ ناچیزی
که برای دوست داشتن
و
تمنا کردنت
در اختیار دارم!
آری...
من این روزها
در جستجویِ گونه ای نایاب از آرامش
با خیالت قدم می زنم
و
همراهِ نفس هایی
که رنج های جهانِ مننند
لبخندت را در هر بزنگاهی
انتظار می کشم
اما...
تو همچنان به مانندِ پروانه ای
از امنیتِ آغوشم
می گریزی
و
درست در نقطه ای

که خاطره ها...
روی سرم آوار می شوند
امواجِ سهمگینِ دریایِ چشمانم را
نرسیده به ساحلِ امیدواری
بی اثر می کنی!
ـ آه، ای بانویِ زیبا ـ
حالا که چنین در رودخانه ی قلبم
ته نشین شده ای...
مگذار زمانه با دستانِ نیرومندش
گلویِ دقیقه هایمان را بیش ازین بفشارد
که دیگرهوایت را...
به دستِ فراموشی نتوانم سپرد!
می خواهم یک بار دیگر در آسمانِ چشمانت
خود را برهنه تماشا کنم
و
درست هنگامی که زخم هایم
به شوقِ داشتنت با التیام می ستیزند
از نوشتن کلماتی...
که بارِعشق تو را
مهربانانه بر دوش می کشند
خرسند باشم!
آنگاه بدون تردید
خدا هم لبخند می زند
و
زندگی امتداد خواهد یافت
و
دیگر هیچکس نمی گوید...
عشق وقتی بزرگترین هدف آدمی باشد
دست نیافتنی ست!

آینه ای در من

این من هستم
یک شاعر با بال هایی شکسته
که پرواز را دوست دارد
و شکار را...
بی آنکه پرنده ای بمیرد!
ودستانی دارم که هیچ قفسی را نوازش نمی کنند
وچشمانی که به اندازهٔ تمام گل های وحشی
به زیبایی های دنیا آفرین می گویند!
با قلمی که چونان جامِ شرابی
درونم را آشکار می سازد
و بی آنکه هیچ نامی از خود داشته باشم
از نردبان زندگی بالا می روم
آری...
من جهان را
از دریچهٔ باور خویش می نگرم!
با رنگ ها حرف می زنم!
سایه ها را می شمارم!
درختان را در حال پلک زدن
تجسم می کنم!
وچون پاییز در قلبم رسوخ می کند
دلتنگی را روی برگ ها می نشانم
و وقتی کلمات...
در شبم برهنه می شوند
تمامِ قفل ها را با یک کلید باز می کنم!
واینگونه به هستهٔ عشق می رسم
بی آنکه پیکره اش را خراشی داده باشم!

و مادامیِ که آغوشِ عشق
پرتگاهِ من است
طوفان را
با دستانِ بسته
نوازش کرده...
می شنوم صداهایی را
که هیچ پژواکی ندارند
و زیباترین خاطراتم
در گشودنِ همین پنجره ها
خلاصه شده اند!
اما هرگز باران را
از پشتِ شیشه ها
تماشا نکرده ام!
من لبخند را نوشیده ام
نوازش را چشیده ام
ترس را بوییده ام
درد را سنجیده ام
و در رویارویی با خویشتن
بخشش را برگزیده ام
که درخشان ترین اتفاقات زندگی ام
شکست هایم بوده اند!
و هنگامی که
روی تردید ها خاک می ریزم
از حقیقت به خود نزدیکترشده
آنقدر سرم را به اهدافم می کوبم
که در برخورد با درد ها
درمان زاده شود
و آینه ها امروزم را فقط با امروزم بسازند

اما هنوز مهم ترین پرسش در ذهن من
همان نخِ بادبادکی ست...
که در دستان کودکِ سرنوشت قرار دارد
و نمی دانم چرا تقویم بیهوده ورق می خورد
بی آنکه به تمامیِ آرزوهای آدمی اجازهٔ تفسیر دهد؟!
اما چون با دقیقه هایم خلوت می کنم
قلبم آرامش را تصفیه می کند
وخوشبختی آنقدر در ترازویم سنگین می شود
که هیچ استدلالی به گاهِ ستایشِ خدا
ایمانم را ویران نمی کند
تا هنگامی که زمان
از حرکت باز ایستد
و در کوچه های ذهن خود
به بن بست برسم
و مرگ...
لبخندش را
به سوی قلبم نشانه بگیرد!

ردپایِ مرگ

گاهی مرگ را برهنه می اندیشم!
این رازِ پیچیده ی هستی
که عاقبت روزی
به وسعتِ دردی عظیم
بر بال هایمان خواهد نشست
و
چه پذیرایش باشیم
و
چه نباشیم
آهسته آهسته از نفس
به ما نزدیکتر شده
بی آنکه زخم تازه ای بزند
روحی که ارزشِ زندگی را نمی داند
باز پس خواهد ستاند
آنگاه که دیگر
هیچ دستی...
برای مهارِ آتشِ پیرامونمان
در حقیقتِ تاریکی
داوطلب نتواند بود!!!
بی تردید آن روز که دور نیست
سخت افسوس خواهیم خورد
به حالِ فرصت هایی که
برای دوست داشتن
از دست دادیم!
قلب هایی که
با بی رحمی شکستیم!

اشک هایی که
در اندوهِ یکدیگر
نریختیم!
دوستی هایی که
به دشمنی تبدیل کردیم!
عیب هایی که در دیگران
زودتر از خویشتن یافتیم!
و
دقایقی که در تنهایی
گذراندیم!
آری...
مرگ به مانندِ باران
درست در نقطه ای
که فراموشی آغاز می شود
و
در همان کوچه ای که
بارها نامش را شنیده ایم
ما را که با چتری کاغذین
به استقبالِ فردا رفته ایم
خیس خواهد نمود
تا دیگر هیچ آرزویی
در دسترس نماند
که در باورِ رسیدنِ به آن
بی اجازه...
از شانه های یکدیگر
بالا برویم
و
هیچ درختی که
در ستیزِ پرنده با شکارچی

سر پناهمان باشد!
و
در آخرین وداع
هیچ چشمی را دیگر
یاراىِ گریستن نیست
تا
به گاهِ پشیمانی
احساسمان را با اندک آرامشی
دگرگون کند!
اما دشوارترین آزمون
در سراشیب پایان
مواجهه با وجدانِ بیداری ست
که می پرسد:
آیا زندگی را زیسته ای؟
و
زمانی که سرنوشت
به بهانه ی مرگ
ما را از خویشتن جدا می سازد
به سادگی تمامِ امیدهایمان
برای جبرانِ ناداشته ها
،
نا گفته ها
و
نا کرده ها
به یکباره...
از دست می روند
و
دیوارهایی که
دور خود کشیده ایم

یکی پس از دیگری
مقابل چشمانمان فرو می ریزند
جایی که ترس...
تنها شجاعتِ عریانِ ماست!
کسی چه می داند؟
شاید فردا
شکافِ گسترده ی
میانِ مرگ و زندگی را
ترمیم کردند
و
انسان بر قله ی ابدیت
ایستاد!
اما تا آن زمان
هرچه دور
هرچند نزدیک
مرگ بدون تردید
خواهد آمد
و
در جدالِ با وی
سعادتمند تنها کسی ست
که به مانند پروانه ای رها
سبکبال باشد!

در سوگِ زمین

این همان نقطه از دنیاست!
جایی که...
زیباترین خاطراتمان
در گورها خوابیده اند
و
اشک ها
به اندازه ی سدی
که در مقابلِ چشمانمان ساخته اند
ما را از دیدنِ فرداهایی
که هرگز نخواهند آمد
باز می دارند!
جایی که هیچکس
به اندازه ی فداکاری هایش
خشنود نیست!
و
هیچ انسانی...
به قدرِ تمامِ پنجره هایی که گشوده است
از زیبایی های هستی
لذت نمی برد!
این همان نقطه از دنیاست
جایی که...
دردها اخم را بر پیشانی هایمان
حک کرده اند و
نابرابری ها
آدمی را به سر حد جنون رسانیده اند

تا به همین نفس های پراکنده قناعت کنیم
وهمواره در انتظار جنگجویی باشیم
که انتقاممان را از سرنوشت بگیرد!
گویی ما را برای همیشه
در قفسی بی انتها
رها کرده اند
و
ارزش زندگی مان
تنها به کشفِ روزنه هایی ست
که بویِ آزادی می دهند!
افسوس که ما در این سرزمینِ تاریک
حقیقت را به حماقت
باخته ایم
و
تمامِ استخوان هایمان
هنگامِ گریزِ از تنهایی ترک برداشته اند
و
فاصله ها پیوسته بی درنگ
خود را به ما تحمیل می کنند!
این همان نقطه از دنیاست
جایی که...
اعتراض به تضییع هیچ حقی
قانونی نیست!
و
خوب و بد
هر یک به نوعی بی دفاع اند
ما در این برهوت
با نفرت...
عاشق می شویم!

با جسارت...
فراموش می کنیم!
و
با رضایت...
خود را تسلیم عقایدی می سازیم
که به آنها باور نداریم!
و
همچنان مغز هایمان
انبار زباله هایی ست
که با دستانِ خود
تولید کرده ایم!
آری...
این همان نقطه از دنیاست!

رویایِ خوشبختی

عاشق که بودم
پاییز برایم تازگی داشت
باران که می آمد
خاطره ها بوی تو را می دادند
و وقتی آهسته
پنجره ی خانه را
می گشودم
دلتنگی را مثل دود سیگار
با آه بلندی در هوا فوت می کردم
شب بود و کلماتی که با هر نوازشی
آبستن شعری تازه می شدند
و من در مصاف با انتظار
تا سپیده دمان بیدار می ماندم
و
بی صدا اشک می ریختم
اما با اینهمه
زندگی برایم
سرشار از خوشبختی بود
حالا تو اینجایی
و
پاییز سال هاست
بی وقفه تکرار می شود
دیگر هیچ خاطره ای
برایم یادآور باران نیست
سیگار را ترک کرده ام

مبادا پنجره ها را به بهانه ی آهی
درین سرما باز کنم
شب ها در آغوش گرم تو می خوابم
و
هیچ شعر تازه ای متولد نمی شود
و خوشبختی را
یکسره تنها شعار می دهم
حالا تنها آرزوی من این است
که باور کنی
چقدر دوستت دارم
متأسفانه این بار کاملاً حق با تو بود
عشق هم گاهی می تواند
به مسیر احمقانه ای ختم شود!

سوءظن

امشب تو را برهنه می اندیشم
هنگامی که خفتگان...
فراموشی را
باردارند؛
و عاشقان کورکورانه
در خاموشیِ ژرفی...
که وانمود می کند ماناست
سپیده را انتظار می کشند!
و تو...
در امتدادِ حقیقتِ یک خیال
بدترین سوءظن را
به چشمانی داری که
از روی نجابت
نمی گذارند
به همان زیبایی که هستی
دریابمت!
و وقتی از فریادهایت
کوچکتر می شوم
دیگر مرا نمی شنوی!

گناهکار

من در ارتکاب زندگی گناهکارم!
زیرا وقتی آسمانِ خدا
بهشتم را...
در چشم بر هم زدنی
حراج می کرد،
فریادها در گلویم
پینه بستند؛
و در تبعید زمین...
سخت پوست انداختم!
حالا دیگر صدایم
به گوش هیچ کس نمی رسد
و عیب نادانی خود را
به سرنوشت نسبت داده ام!

محکمه

آه که این زندگی
چه فلسفه ی پیش پا افتاده ای دارد!
دیروز من بیشتر از تنهایی
به تو نیازمند بودم
و تو با بوسه هایی
که دانه دانه از لبانم بر می چیدی
احساست را برایم نمایان می ساختی!
گاهی برای اینکه
زیبایی های تو را بهتر ببینم
پنجره ی قلبم را
به رویت باز می کردم
و تو آنقدر برایم
فداکاری می کردی
که به آسایش می رسیدم!
و هنگامی که از تلخیِ ناراحتی هایم
آهسته در سکوت
اشک می ریختی
بی آنکه دیواری در مقابلت بسازم
با تو
بی صدا گریه می کردم!
و اینگونه همدیگر را
عاشقانه
دوست داشتیم...
بی آنکه در قبالِ محبت هایمان
انتظار معجزه داشته باشیم!

و امروز تو
به اندازه ی تمام تنهایی هایت
به من نیازمندی
و من
به اندازه ی شرابی
که از لب هایت می نوشم
خود را برایت آشکار می سازم!
تو همانقدر
زیبایی های دنیای مرا می بینی
که پنجره ی قلبت را
برویم می گشایی
ومن همانقدر
برایت فداکاری می کنم
که از تو آرامش می گیرم!
و هنگامی که با تلخیِ ناراحتی هایت
شیشه ی سکوت را می شکنی
به استواریِ سدی
که پیش رویت می سازم
از حرکت باز می دارمت!
و اینگونه همدیگر را
در محکمه تاب می آوریم
بی آنکه
به قدر تمامِ گناه های ناکرده
در زندان هم
خوابیده باشیم!
آیا هنوز هم
به عشق
اعتقاد داری؟!

هوس

امشب
در ضیافتِ آغوشت
می خواهم تا سپیده دمان
پلک نزده بیدار بمانم
و هنگامی که لبانت
بوسه های آتشینم را
با هم قسمت می کنند
سایهٔ گیسوانت را
بر بوم سکوت
رنگ آمیزی کنم
تو را به جان عزیزت
زودتر طلوع کن!
که وقتی به من
از نوازش هم
نزدیکتر می شوی
هیچ تن پوشی در جغرافیای تنم
تاریکی را تاب نمی آورد!

درخت

جایی که تو ایستاده ای
فردا درختی سبز خواهد شد
به زیبایی لبخندی
که امروز
دریغش کردی
و
رودخانه ای
از زیر پایش می گذرد
به خروشانیِ تمامِ اشک هایی
که در انتظار آمدنت ریختم
و
سایه اش رهگذرانِ خسته را
به استراحتی آرام می نشاند
و
به تعدادِ برگ هایش
بهار را ملاقات خواهد کرد
تا پرندگانِ کوچک
بر بلند ترین شاخه اش
آشیانه بسازند
و
با هر وزش باد
صخره ای را که...
من بر آن فسیل شده ام
تماشا کنند!

رویای واهی

هر شب در اوج تاریکی
با فانوسی در دست به دیدارت می آیم
تا کوله بار دلتنگی را
از روی شانه های خسته ات برگیرم
و دوباره...
چشمان مهربان و بارانی ات را
با مرهمی از جنس بوسه
و نوازش آشنا کنم
تو نیز که تا آن زمان چشم به راه من بوده ای
به آهستگی لبخند می زنی و
گرمتر از همیشه در آغوشم می گیری
تا برای لحظه ای هرچند کوتاه
فقط مال تو باشم!
آنگاه من برایت از آرزوهایم می گویم
و
تو تنها نگاهم می کنی
و عقربه های شتابان ساعت
به احترام این ضیافت عاشقانه قدری لختی می کنند!
اما ناگهان سپیده
همچون میهمان ناخوانده ای
از گرد راه می رسد
تا مرز میان دنیای من و تو
به گستردگی روزی دیگر آشکار شود
و هر دو پاک فراموش کنیم
که در تکرار رویایی بی سرانجام
به یک اندازه گناهکاریم!

جدایی

دیگر به خستگی هایم فکر نکن
آزادی که برگردی...
عشق که زندان نمی سازد!
اما فراموش نکن
پیش از رفتن یک بار دیگر
لب هایم را برای آخرین بار ببوسی
و
سخت در آغوشم بگیری
تا باز هم با تمام وجود مال تو باشم!
نگران جراحات قلب دردمند رها هم نباش
آنها را به دیگران نشان نخواهم داد
باور کن این زخمها
آنقدر ها هم کاری نیستند، که کشتنی باشند!
بیا و به حرمت عشقی
که دیگر نفس های آخرش را می کشد
گوهر چشم های روشنت را
وقف این لحظات دهشتناک نکن
و
بگذار این حادثه ی تلخ را
با یک خاطره ی خوب آغاز کنیم
لبخند بزن
من که به تو آموخته بودم
جدایی هم بخشی
از زندگی کوتاه ما انسان هاست!

خوشبختی

وقتی با دستان مهربانی که گرمای خورشید را دارند
گونه های نمناکم را نوازش کرده
و بــه لطف لبخنــدی
آرامش را میهمان خانــه ام می کنی؛
آن دم که نفس های تو
تنها مرهم زخم های منند
و
حالا که بی تو مانــدن و دور از تو زیستن
در نظرم چیزی غیــر از مرگ نیست؛
حقیقت این عشق کهنه را
با هیچ خیـال تازه ای معاوضه نمی کنم!
از من نخواه که این رویـای زنـده را فریـاد نزنم
آخر مگر از این لحظه های زودگذر عمر
بیشتر از خوشبختی هم می توان انتظار داشت؟
آخر مگر جز تـو که صدایم را می شنوی...
کسی در خلوت قلب تـاریک ایــن شاعر
رفت و آمد دارد؟
آخر مگر نمی دانی که دیوانگی و عشق
تنها در آیین نگـارش با هم متفاوتند؟
آری دلارامم...
من دیوانه ی با تو بودنم
بدون تردید اگر از همین دم
تا آخرین روز دنیا به عبادت بنشینم
و به سادگی
از تمام هستی چشم بپوشم
باز هم بــرای شکرگزاری از او
که تـو را بــه من داده

نیاز به آفرینش دوباره ای خواهد بود
امروز که در قلبم جوانه ی این محبت
به درختی سترگ تبدیل شده است
که سایه اش رهگذران را
به استراحتی آرام می نشاند
تو را بیش از پیش دوست می دارم و
در کنار تو و با تو بارور شده
هر نفس جام زندگی را چون شربتی گوارا
جرعه جرعه سر می کشم
حتی بیشتر از قلبی
که برای عاشقی در سینه ام می تپد
دوستت دارم
باورش سخت است، می دانم!
عشق را نمی توان به تصویر کشید
هرچند صورتگری حرفه ات باشد
و کلمات را چونان اسب راهواری
رام خود کرده باشی
اما باور کن نمی شود عاشقی را بلد بود و
فریاد نکرد!
کمی نزدیک تر شو...
آهسته و گرم در آغوشم بگیر
تا بیشتر از همه مال تو باشم
بگذار آسوده به استقبال فردایی برویم
که شاید جسم ما را به بهانه ی مرگ
از هم دور و دورتر کند!
حالا که حقیقت احساس کهنه را می دانی
و زمان به کام من و توست سخت در آغوشم بگیر
و بگذار سکوت میان من و چشم های روشنت
شب را با ماهتابی فراگیر
تسلیم صبحی دیگر کند!

سرنوشت

هر شبانگاه که بی تابانه
سایه ها را به شوقِ نگاه مهربانت
ورق می زنم
و درانحدار نور و صدا
کلمات بی جان را
با همدستیِ فانوس کهنه ای
به رقص و پایکوبی می کشانم
چشمان غمزده ام
که از انتظار بی پایانت
سخت دلگیرند
گوی سبقت را
از ابر دلگیر زمستانی می ربایند
و دانه های بلورین برفی
که از آسمان دیدگانم فرو می بارند
بستر رویاهایم را
در آرزوی آمدنت
سپیدپوش می کنند!
باورش سخت است
می دانم...
من تو را حتی بیشتر از قلبی
که هر نفس برای عاشقی
در سینه ام می تپد
دوست می دارم!
باکی نیست...

بگذار شلاقِ این سکوتِ بی رحمانه
زخمی ام کند
تا با هر فریادی
که از اعماقِ جان
بر می کشم
به تو نزدیکتر شوم!
بگذار سهم من از گنجینه ی احساسِ تو
به اندازه ی
یک دعوت بی پاسخ باشد
و آنقدر زمان را
بازیچه ی شکیبایی عامدانه ات کن
و
نا آگاهانه مرا ذره ذره
در آتش دلتنگی بسوزان
که خاک و خاکستر شوم!
اما هرگز از من نخواه
که فراموشت کنم؛
که نمی توانم!
آری من...
از عشق انتظار معجزه ندارم
من عشق را بی چشمداشت می شناسم
و اگر
تا آخر دنیا هم
در آغوشت جایی نداشته باشم
ازین احساس زیبا دست بر نخواهم داشت!
فقط گاهی مرا
به قدر یک لبخندِ ساده
میهمان خود کن

که بیش ازین
احساس تنهایی نکنم!
من تا ابد
انتظار آمدنت را می کشم
آغوشم را
گشاده نگاه خواهم داشت
و این پنجره را
به روی آفتاب نگاهت
نمی بندد!
کافی ست چشمانت را ببندی
و
دستانت را دراز کنی
تا در شبستانِ عشق
غرقِ نور و ستاره ات کنم!
می خواهم همینطور کودکانه
چشم به راهت بمانم
خدا را چه دیدی؟
شاید...
من و تو
اولین دلدادگانی باشیم
که سرنوشت را
به تمسخر می گیرند!

بدرقه

می بینی چقدر از هم دور شده ایم؟
باور کردنی نیست
می دانم!
در کنار هم نشسته ایم
ولی دستان یکدیگر را نمی گیریم
درون هر کدام از ما دردی نهفته است
که به یکدیگر نمی گوییم
و حرف هایی که برای نگفتن
در دل هایمان انباشته ایم
فاصله را بینمان بیشتر و بیشتر کرده است!
آری...
دیرگاهی ست سهم ما ازین زندگی
تنها به اندازهٔ دلتنگی بزرگی ست
که در لحظات با هم بودن رهایمان نمی کند
افسوس که عشق در نگاه من و تو
آنقدر خوار و کوچک شده است
که دیگر اشتیاقی برای با هم بودن
در ما ایجاد نمی کند
و
با اینکه هنوز در کنار هم هستیم
هر دو ناخواسته بزرگترین نقش را
درتنهایی یکدیگر بازی می کنیم!
بیا و بگذار فقط به قدر یک خاطره خوب
برای عشقی که نفس های آخرش را می کشد
کاری کنیم!

بیا و به حرمت تمام خاطرات خوبی
که با هم داشتیم
دستانم را بگیر
و باور کن زندگی
آنقدرها هم که می گویند
طولانی نیست
مرا آهسته ببوس و اشک هایم را
از روی گونه هایم دانه دانه پاک کن
بسیار خوب...
حالا کمی هم لبخند بزن
تو که نمی خواهی مسافرت را
بدون بدرقه راهی کنی؟

چرخه

فصل دلتنگی ها که می رسد
درخت سکوت
در من بارور می شود
و آسمان..
که از غروب دوباره اش
شرمگین است
راهی جز گریه
پیش رویم نمی گشاید!
اما تو آنقدر
واژه های رسیده را
از نگاهم بر نمی چینی
که بر دل خاک افتاده
و
با پایانی غم انگیز
دوباره به طبیعت تنهایی من
بازمی گردند!

پاداش

باران که می بارد
خاطره ها بوی تو را می دهند
و
ردپای اشک هایم را
قطرات زلالی که از دلِ ابر دلگیر آسمانی
بر سینه ی خاک کوچه فرومی ریزند
می شویند!
اکنون تنها خیال توست
که بر بام این خانه ایستاده است!
و
تندباد خاطراتت
هو هو کنان...
افکارم را در می نوردد!
می بینی دلارامم؟
حتی مرگ هم برای جدا کردن من و تو
از خود ضعف نشان می دهد
و زمان...
با تمام عجله ای که دارد
باز کندی می کند!
باور کن دیوانگی
کوچک ترین پاداشی ست
که بعد از رفتنت
از دنیا گرفته ام

فرصت

بهار هم از گرد راه رسید و تو هنوز نیامده ای!
می بینی عمر چه شتابی دارد؟
این تنها تنهایی من است
که کهنه می شود
و
فاصله ها را
بین ما زیاد و زیادتر می کند
باور کن از این بهار
تا بهار دیگر...
فقط به قدر چهار فصل
خاطره ی نیامده راه است
و با هر قطره از باران زلالی
که از چشم های ابر پاکیزه فرو می چکد
یک آسمان فرصت مهربانی را
از این دلخسته
می گیری!
به خدا قسم...
زندگی همین لحظات زودگذری ست
که در بی خبری از دست می روند
پس بیا و تا هنوز این قلب عاشق
در آرزوی تو می تپد
بگذار تنها به قدر یک لبخند
میهمان تو باشم!

یادگار

می بینی دلبندم؟
روزها می روند و تو می مانی
و این حقیقت زندگی ماست
که در جریان است!
فراموش نکن...
تمام عمر با آرزوی بازگشت تو
در امتداد این کوچه به انتظار نشسته ام
تا از گرد را برسی و به جادوی تبسمی
کابوس تنهایی ام را
اسیر واقعیت دیدارت کنی
و حالا که این انتظار
همچون درختی سترگ
به بار نشسته است
از سپیدی گیسوان خود شرمگین نیستم
مگر هنوز هم باور نداری
عشق همان موهبت خداوندی است
که تا ابد از گزند روزگار
در امان خواهد ماند؟
مگر این عمر از دست رفته
همان تاوانی نیست که سالها پیش
در قبال لبخند زیبایت از من طلب کرده بودی؟
پس بیا و بگذار لااقل نفس های آخر م ر ا
در کنار تو تقدیم این دنیا کنم
و هرگز فراموش نکن
محبت تنها چیزی ست
که درین دنیا از ما انسانها به یادگار خواهد ماند!

فراموشی

وقتی برفراز نگاهت...
ابرهای دلگیر بارانی حکومت می کنند
و چشمانت
به بهانه ی دلتنگی
دانه دانه مروارید رخشان
به پابوس خاک می فرستند
آنگاه که فاصله
میان من و تو
به وسعت یک آسمان تنهایی
گسترده می شود
و
خاطرات زیبا جای خود را
به خیالات واهی
می سپارند
وقتی برای عاشقی
باید به دنبال بهانه ای بود
و
سکوت تنها پلی ست
که ما را به هم می رساند
دنیا در نظرم آنقدر کوچک می شود
که آرزوی نیستی می کنم
و پاک از خاطرم می رود
که حتی مرگ هم نمی تواند
آتش عشق را
در قلب هیچ انسانی
خاموش کند!

قربانی

وقتی دستانت
نوازش را فراموش می کنند
و
آیینه ی چشمانت
از انعکاس نگاهم
سر باز می زند
زندگی برایم
آنقدر طولانی می شود
که با قلبی مملو
از احساسات ناب شاعرانه هم
می توانم...
عشق را قربانی
خودخواهی های کودکانه ام کنم!
باور کن...
وقتی سفر
آخرین راه است
بین ماندن و نرفتن
هیچ تفاوتی
وجود ندارد!

دروغ

وقتی شب
به پراکندگی سکوت زمین
گسترده می گردد
و
ماهتاب از روی کنجکاوی
از آنسوی دیوار خانه
سرک می کشد
تا مرا...
که لنگ لنگان
دنیای خواب را
در آرزوی رویایی کوچک
از تو جستجو می کنم
نظاره کند...
عشق در نبردی نابرابر با مرگ
به پیروزی می رسد
تا سپیده دم
به یمن دیدارت
واژگان نورسیده در یادم
تن به دفتری سپید بفروشند
و
شعرهایم را روانه ی دریا کنند
دروغ چرا؟
نازنینم...
تو که خوب می دانی شاعر بودن
اصلاً کار آسانی نیست!

معجزه

نگو که عشق حقیقت ندارد
آخر وقتی...
تنها اشتیاقِ
بی حدِ زندگیِ شاعری
این است
که در امتداد سکوت
پنجره ها را
به روی انتظار بگشاید
تا تو لبخند زنان از گرد راه برسی
و
هوای چشمانش را بارانی کنی
نمی شود این معجزه را
اقرار نکرد
کسی چه می داند؟
شاید سهم تو از عشق
به اندازه ی
همین نگاه های پنهانی باشد!

غفلت

تا خواست چیزی بگوید
لبخند زدم!
و
پیش از آنکه
فرصتی برای نیم نگاهی تازه
دست دهد...
آهسته از کنار هم گذشتیم!
اکنون سال ها از آن ماجرا می گذرد
اما من
تازه این حقیقت تلخ را
دریافته ام
که با عشق
تنها به اندازه ی چند گام کوتاه
فاصله داشتم
و
راهم را
به سوی تنهایی
کج کردم!

بی رحم

وقتی سرزمینِ چشمانم را
باران...
میهمانی همیشگی است
و زندگی
بی هیچ بهانه ای
با آزمون تلخ تنهایی عذابم می دهد
تنها به تو فکر می کنم!
به تویی که آهسته
در امتداد دیوار سکوتم
در حرکتی
و
حتی با دیدن این دردهای بی پایان نیز
غصه ات نمی گیرد!
اما این منِ ساده دل باز هم
بی آنکه انتظار معجزه ای داشته باشم
به آسمانِ پرستاره ات چشم می دوزم
و در آرزوی جرعه ای خوشبختی
زمان را...
قربانی حماقت های کودکانه ام می کنم
باری این عمر هم می گذرد
و از ما تنها نقش غباری
بر یادها باقی می ماند!
آخر ای خدایِ بیرحم
تو اینهمه ظلم را
به خاطر چه کسی می کنی؟

خیال

گلایه نمی کنم
که دستانت نوازش را
فراموش کرده اند
و بوسه هایت
از خواب زمستانه
بیدار نمی شوند
شکایتی از قلب گناهکارت نیز ندارم
که مهربانی را
در قماری نابرابر
به خودخواهی باخته است!
چرا که عشق...
وقتی بدون چشمداشت
ارزانی شود
عشق است
اما دیگر از من نخواه
که محبت را
در شعرهایم
برایت به تصویر بکشم
تو که خوب می دانی
من بر خلاف تصور دیگران
هرگز قوه ی تخیل بالایی نداشته ام!

سخاوت

نمی گویم دوستت می دارم
وقتی نوازش...
لنگِ دستان توست
و بوسه بر لبانت
همچون دعای باران
دیر به دیر اجابت می شود
نمی گویم دوستت می دارم
وقتی برای پرواز
آسمان چشمانت
سرزمینی ممنوعه است
و هنوز هم
برای اشاعه محبت
به دنبال دلیل می گردی!
اصلاً چرا با یک جملهٔ ساده
همه چیز را خراب کنم؟
تو که نمی خواهی
اینهمه سخاوت من...
بی جواب بماند؟
نه...!!!
به خاطر خدا هم که شده
بگذار همینطور دیوانه وار
عاشقت باشم!

دروغگو

این روزها
ما همه تنها هستیم
در بین تمام سایه هایی که
با طلوع هر آفتاب می آیند
و
با غروب هر آفتاب نیز می روند
دوره و زمانه عوض شده است
دیگر عشق...
ساده ترین چیزی ست
که معامله می شود؛
مرگ یک شوخی پیش پا افتاده است
و
زمان دیگر
به فکر خستگی پروانه ها نیست!
این روزها
ما همه تنها هستیم
و سهم هر کدام ازین تنهایی
به قدر دقایقی ست
که با هم
و در کنار هم می گذرانیم
دوره و زمانه عوض شده است
این روزها
دیگر حتی شاعرها هم
راست نمی گویند!

چشم های تو

تا پنجره های خانه ای
که چشمانت...
در قلبم ساخته اند
نور را به تساوی
با زندگی ام
قسمت می کنند
نگاهم که می کنی
سبز می شوم
و
چون درختی تناور
سر بر آسمان می سایم
تا رهگذرانِ خسته
در سایه ام
به استراحتی آرام
بنشینند
مادامی که نور را
به تساوی...
با زندگی ام
قسمت می کنند
پنجره های خانه ای
که چشمانت
در قلبم ساخته اند!

فاحشه

مقابل آیینه ایستاده ای
گیسوان سپیدت...
خبر از تلخی سرنوشت می دهند
و
در تصویر رنج کشیده ی خود
لبخند ساده ای را
جستجو می کنی!
اشک هایت را پاک کن
وقتی کودک معصومت
شب ها خواب نان می بیند
قضاوت عجولانه ی ما
چه اهمیتی دارد؟
هیچ فرقی نمی کند
تنت را بفروشی
به دوست خودت
خیانت کنی
از دیوار مردم بالا بروی
و یا...
آنچه را باور نداری بنویسی
فقر وقتی فراگیر می شود
فاحشگی دیگر
آن قبح گذشته را ندارد!

اتفاق در آینه

تو زیباترین اتفاق در آینه ای
هر شب، هر روز
وقتی بارها
در خودت تکرار می شوی
می خندی...
و
شکوفه های گیلاس
از لبانت بر زمین می ریزند
گندمزار گیسوانت
با نوازشِ باد موج می خورد
و
چون شاه پری معصومی
وقتِ بازی...
با گوش ماهی ها
اقیانوسِ آبیِ چشمانت را
در انعکاسِ قدرتِ خداوند
غرق می کنی!
آری...
تو زیباترین اتفاق در آینه ای!

راز

نترس!
کسی چه می داند
که تو...
مرا دوست داری؟
من این راز را
تنها در گوش باد گفته ام
او هم به ابرها گفت
و آنها
از سر احساس گریه کردند
باران قطره قطره
بارید
و حالا این حادثه
سرسبزیِ زمین را
به انتظار نشسته
تا از قلب خاکش
جوانه های عشق
برویاند!
نترس!
من که گفتم...
کسی نمی داند
که
تو
مرا
دوست داری!

ضیافت

امشب
در ضیافتِ آغوشت
می خواهم
تا سپیده دمان
پلک نزده بیدار بمانم
و هنگامی که
لبانت
بوسه های آتشینم را
با هم
قسمت می کنند
سایهٔ گیسوانت را
بر بوم سکوت
رنگ آمیزی کنم!
تو را به جان عزیزت
زودتر طلوع کن!
که وقتی
به من
از نوازش هم
نزدیکتر می شوی
هیچ تن پوشی
در جغرافیای تنم
تاریکی را تاب نمی آورد!

دیوانگی

دوستت می دارم
اصلاً می دانی عشق چیست؟
من عاشق تو هستم
عاشق چشمانی که
اقیانوسی از آرامش را در خود دارند
عاشق دستانی
که خداوند
نوازش را با الهام از آنها معنا کرده است
و عاشق لبخندی که زیبایی را
تمام و کمال به تصویر می کشد
دوستت می دارم
اصلاً می دانی عشق چیست؟
من عاشق تو هستم
عاشق زمینی که بر روی آن
خرامان خرامان راه می روی!
عاشق گناهی که
ارتکابش با تو می تواند
زیباترین خاطره ی هر آدمیزاده ای باشد
و عاشق نسیمی که...
عطر تو را با خود به همراه می آورد
دوستت می دارم
اصلاً می دانی عشق چیست؟
من عاشق تو هستم
عاشق قلبی که
برای عاشقی در سینه ات می تپد

عاشق محبتی که در کلامت موج می زند
و عاشق تصوری که
از زندگی در ذهن امیدوارت داری
دوستت می دارم
اصلاً چه لزومی دارد بدانی عشق چیست؟
می خواهم به اندازه ای که
تو باید عاشقم باشی هم
دوستت داشته باشم!!!
بگذار فردا که خاک و خاکستر شدم
هر دلداده ای که
شعرهای مرا می خواند
زیر لب
با خود بگوید:
او یک دیوانه بود!

مینیمال هایی برای هیچکس!

سکوتت را خریدارم
فریاد کن!

نیازی به خشونت نیست
من اعتراف می کنم
که قلبت را وقتی آبستن احساس بود
کشته ام
محاکمه ام کن
به دارم بیاویز
وقتی گناهکارم می دانی
پشیمان نیستم
پایِ خوشبختیِ تو که در میان باشد
من با هیچکس شوخی ندارم

لبریز از عشق و غرور
بر بلندای مژگانت ایستاده ام
پلک بزنی...
با خاک یکسان می شوم
گریه را فراموش کن
پرواز در باران
عین دیوانگی ست!

من گرفتار زمینم
و تو در آسمان آشیانه داری
آنگاه که من با پای برهنه
روی خاک راه می روم
تو بال گشوده
بر فراز ابرها ایستاده ای؛
و از دست من تا دامان تو
به قدر دنیایی نا شناخته راه است
اما هرگز نا امید مباش
کافی ست یکدیگر را دوست بداریم
خواهی دید
عشق قادرست این فاصله را
به آنی از میان بردارد!

وقتی می گویم دوستت دارم
به دستانم نگاه نکن
اینکه می گویند
قلب هر انسانی
به اندازهٔ مشت خودش است
حقیقت ندارد!
لااقل وقتی پای عشق تو
در میان باشد
محبت توی یک مشت جا نمی شود!

تو همیشه می گویی
دوستت دارم
لبانت بوسه می دهند
دستانت نوازش می کنند
و آغوشت همواره به رویم گشوده است
اما من که تشنه ی صداقت هستم
فقط حرف چشمانت را
باور می کنم
بیا و دست از سر این عشق بردار

بارها برایت این قصه را گفته ام
که آزادی و عشق
تا ابد جدایی ناپذیرند
اما تو باز هم آستین هایت را بالا زده
با تمام نیرو به گریبان محبت
چنگ می زنی
و تا به دستش می آوری
از شدت خستگی رهایش می کنی
آرزوهای خودت را داشته باش
باور کن
کودکی دنیای زیباتری دارد
عشق اندازه ی خواب های تو نیست!

همه چیز در یک لحظه اتفاق افتاد
سکوت تو بود
و
چشمان من
و عشقی که تمام قد
پیش سرنوشت زانو زده بود
خداحافظ را اول من گفتم
و تو تنها دست تکان دادی
ساده تمام شد
می دانم!

بیهوده تقویم را خط را می زنی
پرواز وقتی به نقطه اوج خود می رسد
دنیا در چشم آدم
خیلی کوچک می شود
خواه مرگ آمده باشد
و
خواه بیداری
من هرگز باز نخواهم گشت!

عشق با نگاه تو آغاز شد
و با نگاه تو نیز
به نقطه ی اوج خود رسید
من تکامل را دوست دارم
به شرط آنکه این طلسم لعنتی را
چشمان خودت باطل کنند!

در این خزان برگریز محبت
جز قلب تب دار این عاشق
سرپناه امنی
نخواهی یافت
آسوده کوچ کن
به هرکجا که غریزه ات می گوید
اگر این عشق حقیقت داشته باشد
من همانجا
به رویت آغوش خواهم گشود!

سفر تصمیم سختی نبود
عشق وقتی به دوراهی تردید می رسد
میان ماندن
و
نرفتن
تنها یک راه
به خوشبختی ختم می شود!

مسیر خوشبختی
به کدام دره منتهی می شود
که من از هراس رسیدن روی دست هایم ایستاده ام؟

———

تمام
به انتظار نشسته ام
تا یک دقیقه
بیشتر
تماشایت کنم
لبخند بزن
یلدا
همیشه برای من
زود تمام می شود!

———

از عشق
انتظار معجزه ندارم
وقتی آفتاب هم
برای طلوع
به چشمانت
نگاه می کند
بازخواهی گشت
می دانم!
تو به فکر من هم که نباشی
به این پنجره ها
رحم می کنی!

هیچ می دانستی
من
تو
را
نه!
فراموشش کن
عشق هنوز برای تو خیلی زود است

―――――――

آه
ای محبوب زیبا
قدری نزدیکتر بیا
و
بگذار لبانت هرچه زودتر
بوسه ها را با هم قسمت کنند
می خواهم
در ضیافت آغوشت
قرن ها
پلک نزده بیدار بمانم
مبادا زیاد خوشحالی کنی
تو که خوب می دانی
من اگر عمر نوح هم داشته باشم
باز برای دیدن لبخندت
وقت
کم
می آورم!

هنوز هم
وقتیمی گویی
دوستت دارم
اشک می ریزم
و
هنگامی که برایم
از زیبایی عشق
قصه سر می دهی
به خواب
فرو می روم
مرا ببخش
خودم هم نمی دانم
که این حساسیت لعنتی ام
به دروغ
کی
تمام
می شود؟!

———————

چشمانت را پاک کن
دیگر برای گریستن خیلی دیر شده است
عشق تو تمامِ زندگی من بود
که به یکباره
از دست رفت
باور کن مرگ...
آنقدر ها هم که می گویند
چیز بدی نیست!

دوستت می دارم
حتی بیشتر از قلبی که در سینه ام می تپد
و آموخته ام که این جمله را فریاد باید کرد
نگران قضاوت دیگران نباش
عشق که این حرف ها
سرش نمی شود!

———

وقتی چشمانِ غمزده ات
بارانی می شوند
در این خانه
هیچ چتری
از گشودن خوشحال نیست!

———

هیچ گلی در دنیا
خوشبوتر از آنکه بر گیسوان تو جا خوش کرده نیست
سرت را بر شانه ام بگذار
تا بهار
زودتر از گرد راه برسد!

باکی نیست
کالبد قلبم را بشکاف
و بگذار سرنوشت
هرچه زودتر
جواز دفنش را صادر کند
وقتی عشق
تمام زندگی من است
و تو
تنها به سفر فکر می کنی
پیدا کردن یک دلیل محکمه پسند
اینهمه تشریفات قانونی
نمی خواهد!

انتظارت را به جان خریده ام
و اشتیاقت
در قلبم
مدام از فراموشی
سر باز می زند
بگذار این تنهایی
به دستانِ تو بشکند
من هنوز تنهاتر از آنم
که نتوانم دستانت را بگیرم!

شباهنگام
که خیالت خواب را
بر چشمانم حرام می کند
بیداری خوشایندترین اتفاق دنیاست!

تجربه تلخی ست
خداحافظی
- با تو -
وقتی هر روز
بارها تکرار می شود
و من هر بار
دلم می لرزد
که مبادا عاقبت
دستانت را نگرفته
بمیرم!

- تو هرگز شاعر نمی شوی -
هر چقدر هم که کلمات را
در ذهن تبدارت
ورز بدهی
و از احساس دیگران
بی اجازه کام بگیری!
بگذار سکوت راه خودش را برود

عمری رنج کشیدم
که این دو کلمه را
بدون اشکال
تلفظ کنم
کاش تو می گفتی
دوستت دارم!

وقتی که بیش از اندازه سکوت می کنی
شعر در من می میرد
حرفی بزن
نگذار باور کنم
هرگز اینهمه عاشق نبوده ام!

می بینی زمان چه با شتاب می گذرد؟
این شعر ها
که تو دوست می داری
هر کدام یک روز
از عسر این شاعر کاسته اند
تو را به جان عزیزت
زودتر بازگرد
تا تمامِ تمام نشده ام!

وقتی قطرات نمناکِ اشک
سرزمین گونه هایت را
گل آلود می کنند
و
چشمانِ معصومت
از سرِ دلتنگی
دانه دانه مروارید رخشان
به پابوس خاک می فرستند
برای گریز از تندباد حوادث
هیچ سرپناهی
امن تر
از یک آغوش گشاده نیست
بگذار در مصاف با طوفان
میهمانِ تو باشم!

آسمان زیباتر از همیشه می شود
اگر زمین
برای زندگی
جای خوبی نباشد!
می بینی محبوبم؟
ـ دلتنگی تو عاقبت مرا کشت ـ

حتی اگر این سکوت تلخ مرز میان عشق و خیال باشد
می خواهم در برزخِ انتظارِ گاه و بیگاهت
اراده ام را محک بزنم

همیشه دلتنگی درست وقتی به سراغم می آید
که ماه در قلب آسمان است
و زمین در نیمه زندگی ما
زادگاه سکوت سردی ست،
که نا خواسته بر لبانم شعر می شود!
ـ ای کاش خداوند خواب را برای چشمان تو نمی آفرید ـ

عاشق آن سکوتم
که در انتظار تو فریاد می شود!

بیهوده به دنبال مقصر می گردی
وقتی حق تقدم با عشق است!
به من اعتماد کن...
هیچ تصادفی در کار نیست!

هیچ احساسی شعر نمی شود
مگر پای چشمان تو در میان باشد!
- بیدار نمی شوی؟ -

آفتاب پشت در انتظار می کشد تا از چشمانت نور بگیرد
بیدار شو روز را با ما قسمت کن!

باورنمی کنم که به مانندِ قطره ای اشک
از آسمان چشمانت سقوط کرده باشم
وقتی هنوز هم تماشایِ دنیا را
فقط از ارتفاعی که تو بر آن ایستاده ای
دوست می دارم!

از آن هنگام که دیگر بهانه ای برای با تو بودن نیست
تنهایی در من به بلوغ رسیده
و
سکوت بر لبانم آشیانه کرده است
اما با اینکه فاصله ها بین ما قضاوت می کنند
هنوز چشم به راه تو دوخته ام!
می بینی دلبندم؟
گاهی با همین امید های واهی هم
می توان زندگی را پیش برد

وقتی در آسمان چشمانت محبت شکار می کنم
هیچ قلبی نمی میرد!

سحرگاهان که خورشید چشمانت طلوع می کند
با هر تقابلی به سایه ها پشت می کنم!

دستانت که بیش از اندازه سرد می شوند،
با هر بهانه ای تب می کنم!

هنوز هم وقتی چتر دلتنگی ات را می گشایی
چشمانم رنگ و بوی باران می گیرند!

دیگر نگران مرگ من نباش
تقویم بدون خاطراتت
ورق نمی خورد!

به من نگو دوستت دارم
وقتی در جستجوی عشق
با هر کلیدی در قلبت می شکنم!

وقتی گل ها را به زیبایی بهار بو می کنم
تو تکرار می شوی!

انتظارت را به جان خریده ام
و اشتیاقت در قلبم
مدام از فراموشی
سر باز می زند
بگذار این تنهایی
به دستانِ تو بشکند
من همیشه تنهاتر از آنم
که نتوانم دستانت را بگیرم!

بی تو...
زندگی برایم
مانند موسیقی اندوهناکی ست
که در خلوتِ این خانه
می شنوم!

هرکس به همان اندازه از عشق سهم می برد
که آغوشی برای گشودن دارد!

امشب
می خواهم
با چشمانِ بسته
راه را نشانت بدهم!
کدام پرتگاه
به آغوشِ تو...
ختم می شود؟!

هنوز هم وقتی زیر بارانِ تنهایی من قدم می زنی
در فکر تو غرق می شوم!

ساعت رفتنت را که بر دیوار تنهایی ام می آویزی
عبور لحظه ها دیوانه ام می کند!

هیچ جنگی در کار نیست
اگرچه الفبای عشق را نیاموخته ای
و در سرزمینِ باورت گیاهی نمی روید
دوستت می دارم
زیباتر ازین هم می شود
به انتها رسید؟

شهر من جایی ست...
که آفتابش از پشت چشمان تو طلوع می کند

حق داری عاشقم نباشی
وقتی تو را...
با هر چشمی
و از پشت هر عینکی
که نگاه می کنم
زیبایی!

بیهوده به خداحافظی فکر می کنی
که اگر قلب تو از سنگ باشد
و
قلب من آینه...
تا واپسین تپش
شکستم را از تو می خواهم!

―――――

جایی که گذار عشق به محکمه می افتد
در گره زدن لبخند ها
هیچ دستی داوطلب نیست!

―――――

عجب حکایتی دارد این شب
وقتی بر چشمانِ تو...
سایه می گسترد
که در آغوشم آرمیده ای و
باز هم دور از عشق
افتاده ام!

وقتی پرستار تو باشی
در این جهان
هیچ دردی...
مقدس تر از عشق نیست!

پر از حسِ دلتنگی ام بی تو باز
درین خانه جز غم
کسی زنده نیست!
میانِ من و خاطراتت هنوز
یکی تا همین لحظه
بازنده نیست!

دو خط موازی هم یکدیگر را می بوسند
اگر پایِ عشق در میان باشد!
از فاصله چه می گویی؟

ادامه بده!
که وقتی ناقلِ بوسه
لبانِ تو هستند...
هیچ تبسمی
در مظانِ اتهام نیست!

هیچ فرقی ندارد چشمانت را به رویِ حقیقتِ عشق ببندی
وقتی دنیا... از خواب تو نیز
در عذاب است!

―――――

جاده دلتنگی
از مسیرِ عشقِ تو
هموارتر است!
چشم به راه کیستی؟

―――――

در بهارِ خاطراتت
پشیمانی را...
به بار می نشیند
درختِ
کهنسالِ
عشق!

―――――

به دنبال درمان نمی رود
قلبی که به تو نزدیکتر
از هر دردی ست!

جاذبه
دشمنِ آن خانه ای ست
که عشقِ تو از بامش
شروع به ساختن می کند!
- سخت درآغوشم بگیر -

وقتی هدف قلب من است
خشونت...
از لبخندِ تو
آغاز می شود!

دیگر می خواهم خداحافظی کنم
بگذار روی ماهت را ببوسم
تا آسمان چشمانم...
ابری نشده است!

هنوز نرسیده باغچه پر از گل های رازقی شده است
نگفتم صبر کن که با بهار بیایی؟

کسی در تو هست
که مرا عاشقانه
دوست دارد
چشم بگذاری
پیدایش کرده ام!

―――――

تو نیستی
هیچکس نیست...
و فردا بهار پشت در خواهد ماند!

―――――

هنوز بهار نیامده...
باد عطر گل ها را دست افشان می کند!
سرت را بر شانه ی کدام درخت گذاشته ای؟

―――――

هر جا تو باشی
بهار
همانجاست
می بینی دلبندم؟
سال های من
هنوز با آمدن تو
تحویل می شوند!

تو عاشقِ شعر های منی
و من تو را به اندازه ی
تمام شعرهایی...
که تا امروز ننوشته ام
دوست می دارم!
می بینی چقدر از هم دور شده ایم؟

تو عاشق روزهای زوج هستی
و من روزهای فرد را
بیشتر می پسندم
پس هر روز
روزِ ماست!

تو هر چقدر هم که زیبا باشی
بازمن در مقابلِ جاذبه ات
هیچ وزنی ندارم
آرزوی افتادنم را به گور خواهی برد!

سخت افسوس می خورم
برای تمام روزهایی
که بی تو
گذشتند
و
تمام شب هایی
که با تو
نمی گذرند
می بینی دلبندم؟
هنوز رویایت تمام زندگی من است

دنیای من مرهون دستان گرم و آشنای توست
که همیشه با آمدنت
پیش چشمانم
تیره
و
تار
می شود
دیدی باز هم شناختمت؟

یک شبِ بارانی و دلگیر بود
اشکِ فروخورده
فراگیر بود
دست تکان دادی
و
رفتی که رفت
نعره زدم:
" باش و..."
ولی دیر بود!

_____

من فقط به اندازهٔ شرابی که از لبانت می نوشم
خود را برایت آشکار خواهم ساخت
اگر می خواهی مرا محک بزنی
یک قدم نزدیکتر بیا!

_____

همیشه در شعر هایم
وقتی به نامت می رسم
در هر کجای جمله
که باشد...
نقطه می گذارم
برای من بعد از تو
همه چیز
تمام می شود!

بیمارِ آن سایه ام که با ایستادنت مقابل خورشید
جهانم را تیره و تاریک می کند!
تو ماهِ کدامین آسمانی بانو؟

شاهکار من زیباترین گناهِ هستی ست
وقتی شباهنگام در جهنمِ آغوشت
به خواب فرو می روم!

من در آسمان عاشقِ تو شدم
و در زمین ملاقاتت کردم
اگر خداحافظی کنیم
آسمان به زمین
نمی آید؟

سایه ات را آهسته می پوشم!
لبخندت را به چشمانم
گره می زنم...
و
اینگونه جهانم
در رویارویی با احساسِ تو
شکل می گیرد!

پایان دنیا همین جاست!
تو امروز
مادر شده ای
و
من دیروز پدر
بی آنکه حتی لحظه ای...
یکدیگر را در آغوش کشیده باشیم!

بیهوده خودت را خسته می کنی!
که تا وقتی در رویاهای من
برهنه ای...
زندگی ارزشِ
از خوابِ تو بیدار شدن
ندارد!

کدامین شب بی ستاره
چشمانِ سیاه تو را
رنگ می زند
که هیچ رنگی
به سیاهی...
شب بی ستاره چشمانت
نمی زند؟!

تو...
به اندازه‌ی تمامِ قلب‌هایی
که تا امروز شکسته‌ای
گناهکاری!
و
من...
به اندازه‌ی تمامِ شعرهایی
که تا امروز ننوشته‌ام
بی گناه!
می بینی؟
ما اصلاً برای هم ساخته شده ایم!

هنوز وقتی در ظلمت چشمانت
راه رسیدن به فردا را
گم می کنم
نه تنهایی
و
دلتنگی
را تاب می آورم
و
نه تا تو
به خواب فرو نروی
صبح می شود!
ای کاش
معجزه ای...
اتفاق می افتاد!

مادامی که چشمانت دریچه ای رو به آسمان می گشایند
روزهایم را با پر کشیدن آغاز می کنم!
بگذار دیوانه ام بخوانند
وقتی عشق...
تنها آزمونِ دشوارِ زندگی ست
که به اشتباهاتش می ارزد
قضاوتِ عجولانه دیگران
چه اهمیتی می تواند داشته باشد؟!

———

غمی شگرف در نگاهِ شب موج می زند
سکوت تنها صدایی ست
که در این میانه
می آید
و
من در اتاقی
که کورسویِ فانوسش
رو به خاموشی است
زایمانِ شعری تازه را
درد می کشم
بانو
چترت را بردار
هوای عشق بارانی ست!

شکوه عشق را می بینی؟
فاصله ها را بی اثر می کند
نگو که به یادم نیستی
آخر
اگر تو به من فکر نمی کنی
چطور من هنوز اینجا احساست می کنم؟

وقتی می گویم دوستت دارم
به دستانم نگاه نکن!
اینکه می گویند...
قلب هر انسانی
به اندازه ی مشت خودش است
حقیقت ندارد!
لااقل وقتی پای عشقِ تو در میان باشد
محبت توی یک مشت
جا نمی شود

چشمانت را پاک کن
دیگر برای گریستن خیلی دیر شده است
عشق تو تمامِ زندگی من بود
که به یکباره از دست رفت!
باور کن مرگ ...
آنقدر ها هم که می گویند
چیز بدی نیست

به دنبال درمان نمی رود
قلبی که به تو نزدیکتر
از هر دردی ست!

جهنم بدون شک نقطه ای از آغوشِ توست
که هر شب اشتیاقِ ارتکاب گناه
در من برانگیخته می شود!

گر این شب حاصلِ نادیدنِ توست
مرا بیمی ز تاریکی نباشد!

شبِ بــارون زده ای
نفسِ خــاطــره ای
از کدوم کوچــه می آیی که تمــاشا کنمت؟
مثه موجی که به ساحل
بی صدا نوک می زنه
از همین خونه می خوام راهیِ دریا کنمت!

عمری تو باغبان بودی
که واژه های من
نو رسیده...
شعر شدند!
قلبم هیچ
حالا که
رفته ای
قلم پاییز را
چگونه تاب بیاورد؟

_____

ماه چشمانِ توست
لبخندت دریا
و
عشق
همان کشتی
که من ناخدایش هستم
امشب تا سحر مروارید صید می کنیم!

_____

دستانت را به حرمت عشق می بوسم
بی آنکه حتی آهی بکشم
آسوده گلویم را بفشار
اگر به این بهانه
فقط دقیقه ای
بیشتر...
می مانی!

تو فریاد سکوت مرا می شنوی
زین بیشتر چه باید گفت؟

جایی میان شرم و حضور مدام شوق
با اضطراب آمدنت
غرق سازشم!

اشک
دلتنگیِ بیجا
افسوس
.
.
.
و
عذابی
که به عینیت شب پیوسته است!
در من این شاعر غمگین هوس ماندن نیست
چه کسی اینهمه از زندگی خود خسته است؟

همیشه وقتی می خواهی بگویی دوستت دارم
بی اختیار درنگ می کنی!
من لبخند می زنم
و
پاک از یادمان می رود...
که زندگی را همین لحظات کوتاه می سازند!

می خواهم پیش از آنکه برای همیشه از این شهر بروی
لبخندت را به چشمانم گره بزنم
می شود آهسته بگویی سیب؟

بودن یا نبودن... نه! مسئله این نیست!
مشکل اینجاست که تو سال ها پیش
رفته ای
و
هنوز هم اینجایی!

سال سردی در پیش است
دستانت را به من بسپار
برای درد های بدنم
فکر دیگری
می کنم!

―――――

بیهوده خودت را سرزنش می کنی!
من قلبم را به چشمانِ تو باخته ام
پیوسته در هوایت راه می روم
با عطرت نفس می کشم!
و جهانم
تنها درمواجهه
با لبخند توست...
که شکل می گیرد!
مگـر می شود
عاشقت نباشم
وقتی
جانم
در دستانِ
توست؟

من شاعر نیستم!
آری من می توانم شب را در یک جمله تعریف کنم
می توانم آسمان را به وسعت پرواز فریاد بزنم
و
از زمین شعر سبزی بسازم
به زیبایی عشقی که در سینه دارم
امّا وقتی به چشمان تو می نگرم
در بند کلمات اسیرم!
آخر شاعری
که از چشمان تو
نمی تواند بنویسد
که
شاعر نیست!

معرفی بنیاد سرور

دستانی به گرمی آفتاب

بنیاد سرور

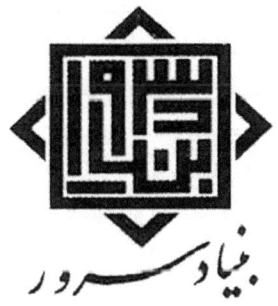

بنیاد سرور نهادی غیر انتفاعی، غیر سیاسی است که در زمینه های علمی فرهنگی، بهداشت و درمان کودکان فعالیت می کند. اصلی ترین شاخه ی فعالیت بنیاد سرور همکاری مستمر با دانشگاه علوم پزشکی مشهد در زمینه خدمات علمی فرهنگی و بهداشتی درمانی کودکان است که از سال ۱۳۶۳ به صورت مستمر ادامه دارد.

اهم اهداف:

تلاش در جهت تحقق بخشیدن به ارزش های عالی در کلیه ی امور بهداشتی پزشکی، درمانی و ارائه خدمات پزشکی به اقشار کم در آمد جامعه و نیز تقویت مطالعات، پژوهش ها و حمایت از محققان و پژوهشگران جوان رشته های پزشکی با هدف ارتقاء سطح دانش پزشکی و حمایت از حقوق بیماران می باشد.

چکیده ای از فعالیت های بنیاد سرور:

بنیاد سرور پس از تأسیس و با عنایت به تفاهم متقابل با دانشگاه علوم پزشکی مشهد توانسته است منشاء خدمات متعددی به شرح زیر باشد:
احداث پلی کلینیک تخصصی سرور که در حال حاضر به عنوان مرکز آموزشی و پژوهشی بیماران خاص (هموفیلی - تالاسمی) و درمانگاه شبانه روزی ارائه خدمات می نماید.
تخریب ساختمان قدیمی و غیر بهداشتی در محل بیمارستان دکتر شیخ در سال ۱۳۶۸ و ساخت بیمارستانی با مساحت ۷۵۰۰ متر مربع که به پاس خدمات زنده یاد دکتر مرتضی شیخ، این مرکز به نام مرکز پزشکی فوق تخصصی کودکان سرور نامگذاری گردیده است.
این بیمارستان با یکصد و پنجاه تخت و پنج اتاق عمل در حال حاضر به عنوان یکی از مجهز ترین مراکز فوق تخصصی کودکان جوابگوی مراجعینی حتی از کشورهای مجاور است. همچنین در سال ۱۳۸۲ دو هزار متر مربع فضای فیزیکی به مساحت بیمارستان اضافه شد و با حمایت بنیاد سرور و دانشگاه علوم پزشکی مشهد مورد بهره برداری قرار گرفت.

بنیاد سرور در امر پژوهش و تحقیقات نیز تا به امروز فعالیت های مستمری داشته است که از جمله آنها می توان به مشارکت در تأمین هزینه ی طرح های تحقیقاتی تشخیص آلفا تالاسمی و بتا تالاسمی در حین ارزیابی میکروسیتوز توسط روش های مولوکولی وابسته به PCR و طرح تحقیقاتی تعیین شایع ترین موتاسیون های افراد ناقل بیماری هموفیلی A با استفاده از ژنتیک مولکولی برای تشخیص پیش از تولد و نیز تهیه تجهیزات مورد نیاز جهت تحقیقات بالینی و امکان ارتباط اینترنتی با سایر مراکز تحقیقاتی دنیا اشاره کرد. همچنین این بنیاد پایه گذار جشنواره های علمی ـ تحقیقاتی کودکان سرور که به منظور قدردانی از زحمات و تلاش های محققان، پژوهشگران و پزشکان متخصص در عرصه ی طب اطفال (نوزادان و کودکان) با هکاری و همیاری دانشگاه علوم پزشکی مشهد برگزار می شود می باشد و تا به امروز سه دوره جشنواره علمی ـ تحقیقاتی کودکان را نیز برگزار نموده است. امروز بنیاد سرور با علاقه مندی به گسترش و ارتقاء کیفی سطح سلامت کودکان، در نظر دارد بیمارستان فوق تخصصی کودکان اکبر را با همکاری دانشگاه احداث نماید.

این بیمارستان با یکصد و پنجاه تختخواب و با پیش بینی لازم جهت ایجاد بخش های تخصصی گوناگون در رشته ی اطفال که نیاز های آتی را مرتفع نماید، با زیر بنایی بالغ بر ۱۵۰۰۰ متر مربع در منطقه جنوبی شهر مشهد و در شش طبقه با سازه بتونی احداث خواهد شد و پس از تکمیل در اختیار دانشگاه علوم پزشکی مشهد قرار خواهد گرفت، تا برابر مقررات وزارت بهداشت و درمان آموزش پزشکی مورد بهره برداری قرار گیرد.

سخت ها سست شود درگهِ همدستی ما
همه همدست اگر دست به کاری بزنیم

علاقه مندان به همکاری باهداف خیرخواهانه بنیاد سرور می توانند کمک های نقدی خود را به حساب جاری شماره ۵۱۵۱/۹ نزد بانک ملت شعبه نادری مشهد واریز نمایند.

آدرس دفتر مرکزی:

تهران، خیابان بخارست، کوچه نهم، پلاک ۲۰، طبقه چهارم
تلفن تماس: ۸۸۷۲۵۷۳۴ / ۸۸۷۲۳۱۳۴
نمابر: ۸۸۷۲۳۱۳۵

وبسایت بنیاد سرور
www.sarvarfoundation.com
www.sarvarfoundation.ir

Mashhad University of Medical Sciences
info.en@mums.ac.ir
www.mums.ac.ir

آثار دیگری از این نویسنده

رمان عصیان، با موضوع زنان
شرکت انتشارات سایه و کتاب گویا در آمریکا

مجموعهٔ اشعار نسیم
انتشارات سایه و شرکت کتاب گویا در آمریکا

خنیا
مجموعه شعر و ترانه، نشر گردون در آلمان

Dar Talatom-e Yek Roya
Eine Sammlung persischer Gedichte
Amir Sagharichi-Raha
www.Raha-online.com

Cover Design: Nasim Malek Mohammadi

Copyright © 2012 Amir Sagharichi
All rights reserved.

ISBN: 978-3-200-02883-8

€15